錯・愛

禾少鴻——著

愛的欲求，究竟是為了完成個人的生命課題，
還是獲得摧毀後的重生？

謹以此書獻給
Jong

紀念張大哥。

序。

如果可能的話，我希望**張大哥**能活著看到這本書的出版，然而這是不可能的——荒謬的是，他的活著，跟這本書的存在有著絕對性的衝突。也許在另一個平行時空裡，或另一些平行時空裡，才能夠有超乎想像的無限可能，但我們永遠不會知道了。

在我第一次聽到這個故事的時候，我感覺到一顆種子在我的身體裡種下，等著發芽。許多年過去了，我一直帶著它，任它在心中抽長、蔓衍。我一遍又一遍地詳訪細節，反覆增刪枝葉，用我的想像力潤飾它的骨架和血肉，也以它在我心中影顯出的形狀、顏色、氣味和表情來重塑它的層次和肌理，直到它看起來就像是我的一部分。

雖然我從來沒有見過張大哥，我們的生命是兩條平行線，但是因為**Jong**，我有了這個機緣寫他。為了寫他，我時而激動，時而輾轉，時而氣餒，到最後跟著故事的結尾歸入平靜。這個過程也同時見證了我內在的轉化和成長。就像有時窄急、有時深廣的河

水，我不停地向前流動：快樂的，寂寞的，充實的，虛度的；無論悠閒或焦灼，我總是在流動著。而我相信靈魂也是。

如果我們看得見生命的本質，那麼我相信並沒有死亡。

我以為**愛**是沒有任何世俗或非世俗的限制的，如果愛是有條件有制約性的，那麼所有**非愛的**都可以枷示在愛的脖子上，以個人的定義，挾持它往任何一條路上去。因為每個人對於愛的體會（驗）是那麼的主觀，又摻雜了所有的**傳統**以及因之夾帶而來的**恐懼**，所以當有人竊竊私語，把眼神粘上他人的背上時，一切都不再中肯了。

如果說這部小說寫的是愛，不如說寫的是恐懼。然而最莫名的是，恐懼總是來自他者，來自打壓自我天性的無知。這種幽微的悲涼著實難以估計。

書中的角色（及事件）絕大部分都是真實的，為了不致於使故事的支線過於分散，偏離或模糊了故事的中心，我把幾個相關性較弱的角色濃縮成一個。

不少人在看小說的時候喜歡追究真實性，但既然是小說，不免虛實參半——虛則實之，實則虛之——我也愛看有真實性的小說或傳記，總覺得它吸引我的是一種「真實虛構的人生」，隨時可能發生在身邊，又彷彿非常遙遠，有種剛作完一個很真的夢的感覺；但另一方面，我又覺得故事的真實性並沒有那麼重要，主要是它的戲劇性能不能滿足愛冒險的靈魂。

這部小說是我的第一步，但其實我已經偷偷走了好多步了，只是不知道走得好不好？是不是能夠從跌倒的地方學習到成熟的技巧？文字是如此深廣而奇妙，在寫作的領域裡，對我來說，一切就像是充滿魔力的遊戲，使我樂在其中。雖然靈感常常是朦朦朧朧的一閃一滅，像接觸不良的電器，有時卻又排山倒海令我措手不及，而更多時候是碰到不被理解的寂寞，但我喜歡這麼孤獨地寫下去。

曾經，我也認真想過為我的書寫序，寫一些自認為聰明睿智的話。然而，談論自己一直不是我的強項，如果別有選擇，我希望站在沉默的後面，私密地努力地悄悄地寫我的小說，同時繼續我的自由。

然而，我還是寫了自以為聰明的一小段話，就將之放在最後，為這個序作一個不太高明的總結：

這個（或未來可能出版的**這些**）故事，是我在和我自己獨處的時候創造出來的，希望能與那些也真心喜歡獨處的人一起分享獨處的樂趣，帶給他們感同身受的激動和喜悅，讓他們在生命之流裡享受片刻思索的沉靜——這是我想為我的每一本書寫的序。

感激所有為這本書催生的人和際遇。

2011.12.26

目錄
Preface

第二部：緣滅。

埋葬的遺憾

遠離「夢想」的感覺就像一隻停止歌唱的鳥，
無法具體指出自己錯過了什麼，
或明確找出變安靜的理由。

我們重視我們想忽略的，卻忽略了我們最想重視的，
但真正被我們忽略的是，有些事情不是忽略得了的。

停在記憶裡的東西是不會結束的，
它們也許看似微弱、過分安靜且從不吵鬧，
但是它們不會停止挖掘或探索。

我只能眼看著所有老去的東西變黃，
眼看著沒有被攔下來的命運一樣反覆無常，
眼看著被壓抑的愛如何瘋狂掙扎而徹底絕望，
眼睜睜看著，卻沒有抵抗。

此刻，好像我又回到你懷裡，我們的嘴唇在黎明的黑暗中相遇，
這是你給我的第一個吻，也是最後一個，
而我的手還固執地握著你，握著你不讓你走。

第一部

緣起。

——潮濕的回憶

我在將醒未醒之間，
捨不得睜開眼睛，
因為你在這裡，
即將如霧般消散。

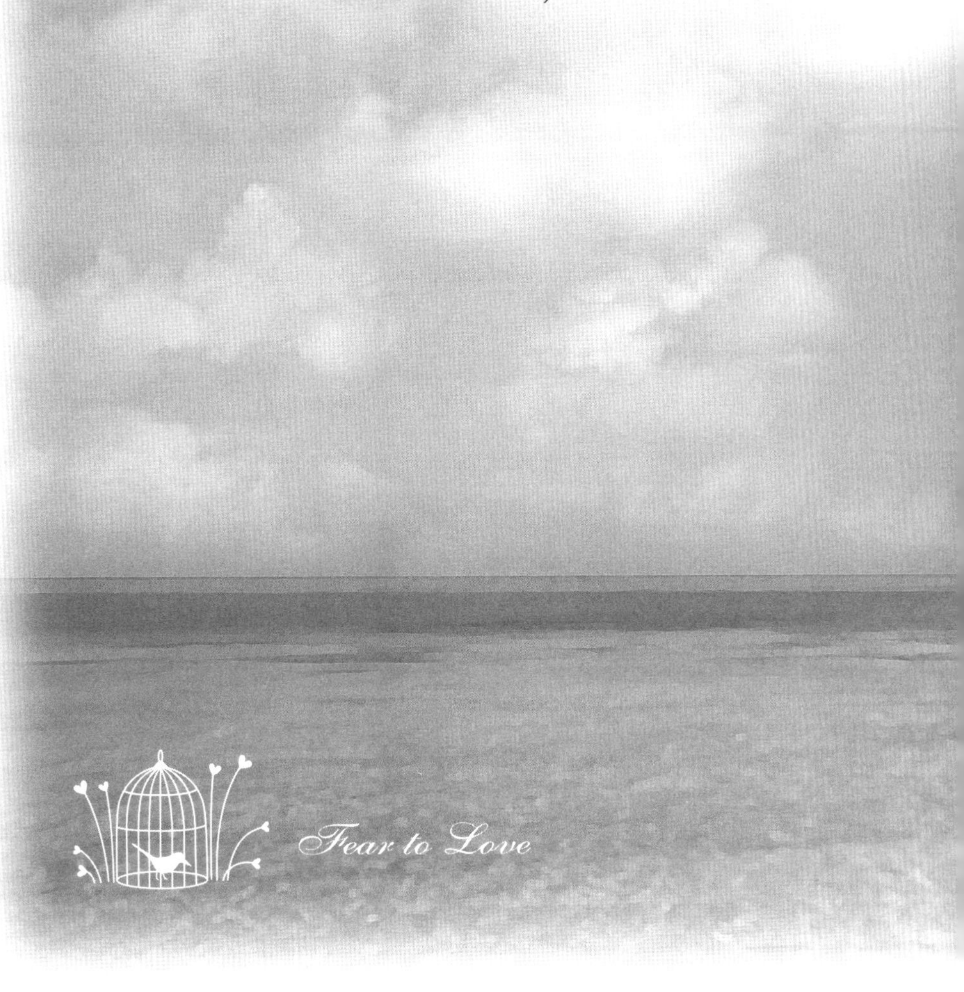

夢囈。

二千零四年，六月。

下了一夜的雨，我感覺空氣像濕衣服，沉沉地懸在靜寂中。我在做夢，然而一個憶起的念頭像微弱而清晰的敲門聲，讓我分了心。但我不肯離開，我渴望短暫的一生濃縮在此，將永恆侷限在此，在眼皮之下的這一個夢。聲音彷彿很遠，又冷不防地灌進來，滾動的急雷劈天裂地的轟炸夢境。我在將醒未醒之間，捨不得睜開眼睛，因為你在這裡，即將如霧般消散。滂沱的雨聲打在夢的皮膚上，黎明在吞噬你，而我即將從你的擁抱裡醒來，從你嘴唇的溫度裡醒來，只有被記憶留住的氣味還在殘留的光影中流動。

每次，我總會帶著失落的恐慌轉醒，悔恨的哀傷在我體內尖叫；你就在那裡，我永恆的渴望，彷彿沒有離開過，然而我卻留不住你。那些無法控制的感覺糾纏著我，好像不管我望向哪個方向都會看到一道牆——我關著它們而它們也關著我，我是看守它們的獄卒，而它們是囚禁我的監獄。

只有在夢裡，它們會在我裡面湧動起來，如波浪般爭逐攪動記憶的漩渦，痛楚像洪水般捲進來又流出去。我低泣著，用眼淚沖洗悔恨，感覺那些來得及說卻沒有說的話在心裡沸騰。也只有這個時候，我才能把不曾親口對你說的都說了，用我遲來的勇氣，但我的聲音卻變成一陣破碎、飄浮的囈語，像逐漸推散的漣漪。

在夢裡，你深情而沉鬱地揉揉我的頭，安慰著說：「沒有關係，我知道的。」

你知道的，但是已經太遲了。

我只能在夢裡游向過去，再次傾注我的全部去感覺你，這使得我的心都碎了。在你離開我的這些年裡，我像一隻被孤獨包圍的魚，一隻被關在悔恨的牢籠裡的鳥，憂傷地渴望著你，而即便你是我的水和我的天空，我卻不能控制我自己用力地推開你。那時，猛烈的愛讓我變得尖銳、刻毒，渾然不覺我的那些可笑的、扭曲的言行只是因為恐懼。

而我在那時感知到的美好，到了現在卻無情地見證了我幼稚的卑劣和殘忍。

我聽到自己痛苦的嗚咽聲，悵惘又焦慮地醒過來，眼睛無法對焦，在模糊、短暫的片刻，不能立即分辨出一個刺心的事實：我活著，而你不在這裡。

有一會兒，我靜止不動，在昏暗中用感覺傾聽，害怕這個等待中的努力終是一片徒然。往事像隧道般圍追我，早晨的大雨阻止不了那些從記憶流出的微風、陽光閃爍的綠樹、從眼角飛逝的景物，以及你貼在我臉上的呼吸，種種關於你的一切在房裡四處游動，像海中不斷變換形狀的魚群。我靜靜沉湎其中，像凝視著耀眼記憶的盲人。

現在我看到了，那個令我們快樂和受苦的祕密像上了鎖的門，我們從各自的門縫裡看到不同的故事；我以為你把我關在外面，其實是我把自己關在裡面。在絕望的死寂中，我聽不到你的聲音，好像我們有一方住在對方的鏡子裡；我錯過了你的愛你的生命你的手和你的眼睛，又希望可以用一切換回你。我渴望你的寬恕，卻不知道如何寬恕我自己。

也許寬恕的力量不足以安慰一個心靈傷殘之人，只能給出一個無疑的答案：**時光永不倒流**。也許我勿須解釋某些勿須解釋的事情，它們自然會得到解釋，以它們自己的目的和方式。然而，這似乎又是一種沒有得到應得懲戒的遺憾，一個別無選擇的選擇。

令人驚訝的是，在我能夠選擇的時候，我選擇讓你受傷，讓你在我愚蠢的愛裡疲倦，也讓我們走投無路。現在，我唯有寄望在這不可逆的流逝裡，有一處超越時間、不受侵蝕的地方，可以讓生離的和死別的永久地回來。

在那裡，我確信不須解釋，你也會瞭解的。

喚醒。

一九八一年，六月。

黎明的第一線曙光勻亮了閣樓推窗的縫隙，再爬高一點就剛好灑在我蒼白削瘦的身體。我穿著雪白的學生制服、深藍色短褲，卡通圖案的小被子讓我揉成一團擁在胸前。從黑甜的睡眠中醒來的第一個鑽入我腦海的念頭，就是阿爸昨晚說過的話。他說讓我去村裡拳頭師傅新開的國術館習武。

「整日只知道唸書，莫怪身體弱，三不五時在生病。男孩子這麼軟懦不行，明天我帶他去國術館拜師習武，看能不能把身體練勇起來……」

阿爸這番話是對著阿母說給我聽的，他嘟囔地嚷嚷著，像在宣布一個聰明的決定，並且即將令他引以為傲的事情。

練武？沒想到我也可以練武，這讓我想起武俠漫畫書裡的主角，但是它來得太容易了，沒有曲折的情節，也沒有激奮人心的危險，有點教人失望。但我還是以一種特別的驕傲，懷著迎接幸運的冒險和獵奇的心情期待著。

第二天傍晚，洗澡吃過晚飯以後，阿爸帶了一家大小去到村長家門前的曬穀場，場邊上已經站滿了人，村子裡的男女老少幾乎都到齊了。拳頭師傅借了村長家的曬穀場免費培訓他的班底，從九歲到十四、五歲的孩子都有。場子中央排排站了村裡大大小小的孩子，約莫二、三十個。第一天拜師，不分男女長幼都要排隊打拳給師傅看，一個個紮穩馬步出拳，不管是花拳繡腿還是裝模作樣，畢竟都是沒有底子的生手，惹得場子邊上圍觀自己或別人兒女學藝的村民交頭接耳、呵呵大笑，有幾個嗓門特大的父親甚至還大聲叫喊，為自己的兒子加油打氣。

過了這年暑假即將升小六的我，是個溫馴寡言的孩子，阿爸說來練武，我就來了，心裡抱著神祕的幻想，卻沒料到是這麼大的場面。我把兩隻汗油油的掌心在褲子縫線邊上搓，肚子也開始不聽使喚地絞痛。天已經夜了，微微透著淡藍的白色日光燈照在場子中央，就像一片幽暗舞台上失焦的清光，如果沒有了觀眾的熱情，它看起來會更慘淡。

我伸著頭往前面看，再三個就輪到我了，額際的汗珠掉下來，摔碎在黑影上，闐鬧的場子像滾沸的熱湯。我回頭對排在後面的同伴說：「我肚子痛。」

他似乎沒有聽見我，直楞楞望著前方。我無助地環顧四周，不行呀，忍不住了。我顧不得後果，趁亂溜出場子往家裡跑，一直跑一直跑，跑進了三合院旁的茅坑，脫下褲子，長長呼出一口氣，卻連個屁也沒有。

那晚阿爸從曬穀場回來，一見我劈頭就罵：「幹你十妹咧！猴死囝仔哩！害我四處找不到人，原來你跑回家躲。你看你大姊小妹，人家女孩子也下場打拳，你是個男孩子，怎會那麼沒用……」

阿爸罵罵咧咧，沒有真的生氣，雖然我不是沒有覺察到他的失望，但我也只能低頭文文笑著，沒有進一步的解釋。

翌日傍晚，我們全家又準時到了曬穀場。

這一次，師傅把孩子們聚集起來，排列成一個分散的縱隊，集體跟著學習紮馬步和打空拳。每人每出一拳必得張嘴大喝一聲，無可避免，二、三十個孩子的晦澀叫喊逐漸在反覆出拳的激情中高昂起來，轉眼變得響亮而熱烈。

我向來是個安靜的孩子，很少在不必要的時候引人注意，也就是說，我擅長融入背景以逃避任何必須引人注目的機會。因此，如果師傅沒有藉著彎身尋找我的聲音，暗示他知道我在偷懶，我會一直用我無聲張合的嘴巴繼續假裝下去。

奇怪的是，當我漸漸讓我的聲音衝出嘴巴，去震動空氣，融入其他聲音、節奏和呼吸的時候，我找到一種言語難以形容的振奮，一種接受和被接受的自信和自在，就像一隻從魚缸跳進池塘的魚；世界沒有變，但是感覺的容器變了。

我想，練武的神奇之處，在於藉由專注的意志和磨銳感官的鍛鍊，製造出身體的覺醒，無論面對的是個人還是群體，你可以是一，也可以是全部。這是我後來的體會。

暑假開始之前，初習武藝的孩子們每天要紮馬半個小時，這變成一種既愉悅又痛苦的例行性測試，考驗孩子們的耐性、毅力和體能，如果能夠輕鬆做到，它就會變成一種難為情的炫耀——在同儕間小小的出一點風頭，都會讓我們既得意又害羞。

每天晚上，無論有沒有去曬穀場練武，紮馬半個小時對我來說就像跳繩、踢毽子一樣有意思。我甚至迫不及待想知道，接下來師傅會傳授什麼新招式。當然了，師傅不會因為一雙雙小狗似期待的眼睛而鬆懈或讓步。

大部分的孩子馬步紮穩後開始練拳，然後是棍。

棍法的招式繁複，必須付出更長時間令其嫻熟而得心應手。我對棍法特別著迷，到後來甚至對雙人耍棍的招式不能夠完全滿足，我想要更多，不知不覺花了許多心思在腦海中預想一連串可行的動作——種子被埋下了，但是還沒有準備發芽——更多繁複的招式在我移動的間隙中沉默地等待著，等我準備妥當之際，自然會有一個喚醒的動作。

國術館的收入大多靠班底出館表演得來，每逢節慶便是我們一展平日苦學的大好時機。為了博得滿堂喝采增加收益，我們除了基本的拳腳功夫之外，敲鑼、打鼓、擊鈸、舞獅等等也樣樣要學。師傅會在我們當中挑出各項人選，誰適合敲鑼，誰擅長打鼓、擊鈸或舞獅，誰的拳打得好，棍耍得精，他心裡都有數。

館裡的師兄弟中，劉世偉算是唯一跨足各項拳腳功夫的能手，而且不論擊鼓或舞獅也都難不倒他。他與我同年，看起來卻比同齡的孩子早熟，練就一身穠纖合度的好肌肉，擊起大鼓威風瀟灑，耍起棒棍來也虎虎生風。

師傅看中他的穩健以及我的靈巧，將我們編在同一組耍棍，每次出館幾乎都是我們打頭陣。所謂不打不相識，棍法我們愈練愈有默契，感情也愈打愈好了。

每每在明亮、安靜、不用上學的夏日午後，大人們在休息，採蜜的蜂在絲瓜藤間嗡嗡飛舞，警覺的雞聳著頭在覓食，幾個規避午覺的孩子們在玩官兵捉強盜時，劉世偉都會躲在稻草堆裡等著嚇我。這個遊戲我們百玩不膩。他喜歡跟我鬧著玩，顯得我們很親密，而我也喜歡那種神祕的身體的接觸。我們赤腳穿過沉重的熱氣，連跌帶抱地摔進幽暗、乾爽的稻草堆裡，他滾到我身上或我滾到他身上，肢體的碰觸令我們興奮，就像兩隻幼獸之間舒服、無害的遊戲。

有時我們也會加入別的孩子。做鬼的孩子蒙起眼睛數數，才一會兒工夫，四散的強盜們帶走竊竊私語的笑聲，只留下寂靜的下午。劉世偉拉著我躲進茅廁，朝向空曠埕院的那堵木板牆給白蟻蛀開了幾條縫隙，我怕經過的「鬼」眼尖瞥到衣服的顏色，一緊張就往劉世偉身上趴，兩個人臉貼臉靜靜站著。一個沒有伸出手臂的擁抱持續了很久，我可以敏感地察覺到彼此的身體起了變化，熱汗浹背而下。

「這裡好臭，我們出去吧。」

劉世偉沒有推開我，但是他的聲音裡有一種我不熟悉的誘惑。是那個誘惑暫時帶領我，讓我的手順從地被握住了，跟著他走進陰涼的穀倉。遊戲被忘記了，清澈的欲望被攪亂，激起了灰塵。他將我推倒在鬆軟卻螫人的稻草堆上，發著微光的黑臉和黝亮的眼睛布滿無知的欲望，我由著他在我身上雜無章法地聳動，除了身體和身體、身體和稻草之間摩挲的聲音，以及彷彿痛苦又困惑的呼吸之外，四面一片死寂。

觸動。

玫瑰色天空包圍著那顆金光氾濫的橘子，鱗狀的碎雲像沒有塗勻的胭脂，融化的光線在擴散中靜靜西逝，在日與夜的交接儀式中，空氣變得溫暖，但微風涼爽，像停止沸騰的水等著被放涼。散落的孩子們在曬穀場內彼此追逐，沒有了興致高昂圍觀的村民，師傅不再緊繃著嘴巴說話，我們也玩得興高采烈。

在這個曬穀場上，我們是表演者，有時候也是觀眾。

如果有大人在習練較高檔的功夫——大刀、長槍、舞劍、鎖喉等危險性高的招式，我們會目不轉睛地安靜注視，像一群既吃驚又期待的小狗。這時，我腦海裡舞動的東西會突然潛行而出，就像在奔湧的河流裡翻滾跳躍的魚。種子發芽了，在我觀看或紮馬或練拳或舞棍或甚至睡眠的時候。

武藝是一種肢體流動的沉思。

有一天，靈感終於被觸動並喚醒，我打破雙人對打的秩序，找齊四個人耍連環棍，然後是六個，然後是八個。師傅不制止也不鼓勵，他在一旁冷靜觀望，捋著頦下的短鬚，一抹神祕的微笑出現在他眼裡。

這純粹是無心插柳的意外。那時我們還不知道，來日在各村鎮的慶典之上，**連環棍**成了我們吸引更多目光和收入的「附帶」表演。而我的生命也從這「附帶」的插曲之後，進入了一個晦澀的初戀，一種以幸福的顫抖和恐懼的節奏混編而成的愛的舞蹈，在沒有舞台的暗影中上演——命運如針，刺穿了你和我，把我們的生命織在一起。

那天傍晚在曬穀場上，師傅舉手招集徒弟們練拳之前，我們就像一群不懂秩序的麻雀，吱吱喳喳地爭逐亂飛。這時，我正跟鄰居的孩子模仿電視中的主角打醉拳，就像被一條無形的繩子拴住，腳步踉蹌地顛來倒去，以一種彷彿被召喚的武姿，在旋轉中撞到了人，我連忙睜大眼睛道歉，對方揉揉我的頭，笑說：「沒有關係。」

沒有人看出這是命運交織的第一針。愛在我的眼睛後面等待著，就像種子在土裡等待著，儘管我沒有覺察到芽胞在黑暗的種核裡蠕了一下。那時，我們的眼神只交會了一眼，僅僅一眼，淡淡的一眼，然而那一眼到今天仍令我心中一緊；我還清楚記得他的表情，就好像曾經預見過這個徵兆，卻沒有想到會真的發生。在他臉上，一個明亮又深奧的吃驚令他微微挑起劍眉，開朗又深邃的眼睛望著我，天生適合微笑的嘴唇，悄然凝固了我的記憶。

那天以前，我沒有見過他，那天以後，他就像魚對水的記憶或鳥對天空的記憶般嵌入我的生命。

第二天，我聽到別人談論他，知道了他的名字，也知道他比年長我四歲的大姊小一屆。他的出現在女生之間製造了一陣騷動，移動的耳語在她們帶著神祕微笑的眼神中傳遞，被加油添醋或酸溜溜地討論。愈是瑣屑的事情，愈是隱藏了重要而複雜的訊息。我從小在大女孩中間跑來跑去，對於她們的某些語言我讀得懂但並不怎麼感到興趣，我的年紀和無害的性格讓她們對我沒有戒心，也樂於和我分享她們的祕密。

直到他的出現，攪亂一池平靜。

那個被我的醉拳招式撞上的人，在孩子們幼稚的配對的戲謔中，唯一沒有否認對我大姊的好感。接下來，因為這個默認，我在其他大女孩中間的位置立即有了微妙的轉變，就好像被做了記號，一種無形的「噓……」如煙般升起，一雙雙充滿提防的眼睛在驟然收回的騷動間溜來溜去。我不疑有他的在她們之間嬉戲，卻常莫名聽見突如其來的沉默，覆蓋了那些試圖隱藏在空氣中掙扎著沒有被說出的話語。年幼如我也難免疑惑，但我選擇轉身就把它們忘記。

然後，事情照著它本來的程序發生了，只是沒有人意識到，不同的追求方式波及到不同的人，也造成了不同的結局。

他不像其他喜歡我大姊的男生那麼魯莽或膽怯，他採取迂迴戰術——幾天後，他直接走向她的弟弟，遙指她的背影問我：「你們是姊弟嗎？」

我點點頭，心裡某處被輕輕碰觸了一下。我還不瞭解那是什麼，可能是一個等在事件之前的預感，也可能只是幻覺。我的心被暫時性的天真遮蔽了，也即將不會有人告訴我這意味著什麼，或如何解開一個沒有輪廓和提示的謎。

他笑了笑，沒有多說什麼，好像我們已經取得了一個無形的共識，藉由保持這種笨拙的緘默來做更多無聲的交流。然後他第二次揉我的頭，轉身留下一個沒有說出來的關鍵性結尾，耐人尋味。

漸漸的，他在練武場上嶄露了不被他自己所知覺的含蓄魅力，連師傅都喜歡在遇到大場面的時候朝他招招手，笑說：「張振武，來來來，一館子你最帥，你來帶師兄弟們出場。」

這時，他會把手搭在後頸，或摩摩臉，難為情地笑了笑，歪著頭走出來，俐落地舞起招式。

沒有人不喜歡他，因為他不覺得自己與眾不同，也沒有那種會威脅到別人的獨特驕傲。

有一天中場休息的時候，其中一位叫麗雲的大女孩跑過來問我：「林家明，你大姊的生日什麼時候？」

「妳問這個做什麼？」我仰著臉，像個大人般嚴肅地護衛我的姊姊。

「張振武要我來問你的，」她低聲說，「他好像喜歡你大姊，想追她。」

她的耳語道出了眾人皆知的祕密，但我們都假裝忍住了一個吃驚的表情，彷彿這是一個不被允許竊聽的爆炸性機密。

「那他為什麼不自己來問？」我自覺聰明地丟出問題，並在轉眼的等待中把他和大姊在心裡放到一起，再一次像突然發現了一個可以炫耀的祕密一樣的微笑著。

「我怎麼知道，他不好意思問吧……」

麗雲姊酸酸的口吻透露出她無聲的落寞。

「那妳為什麼要幫他問？」

「因為我和張振武同班啊！」她瞪了我一眼，好像我是個落井下石的白痴。

我對於這以後的記憶很模糊，好像突然之間張振武就跟我變得很熟，陌生和熟悉中間的那條界線彷彿從來沒有存在過。我喜歡他，而他也看似無條件地溺愛我。在孩童式的天真突然消逝、變質之前，我從來沒有停下來思考過為什麼——為什麼我喜歡他？為什麼他溺愛我？是因為我大姊，還是因為我？——哪怕是一個小小的質疑都沒有。我相信他喜歡大姊跟喜歡我是截然不同的兩件事，沒有衝突。那時的我不知道，整個事件的可能性便是從這個小小的支點上分岔並決定了它的方向，而「衝突」也會是後來的事。

在我們形影不離的那時，每到練武的傍晚，我會穿戴好一身黃衣黃褲、淺藍腰帶、白色功夫鞋，齊齊整整站在路口的大樹下等他來接我去曬穀場。

我一直都還記得那些安靜、可愛的黃昏，我的記憶擁抱它們就像擁抱一份不可能再得到的珍貴禮物：沉沉樹蔭下飄浮的桂花香，枝葉間閃動的檸檬黃光線，玫瑰色的雲和清澈的天空，他穿著卡其色學生褲，雪白襯衫或鵝黃T恤，趿夾腳拖鞋，騎一匹老鐵馬，匡啷匡啷湧向我。在抱我騎上坐墊之前，他會遞給我一包統一麵，慢慢把兩分鐘的路程騎成五分鐘。我記得統一麵被快樂壓碎的聲音，就像長了翅膀的幸福的碎片。荼蘼的餘暉下，我們的影子被反覆拉長、壓扁、重疊，像在波浪下追逐的兩隻魚。

拐進練武場之前，我們在轉角一排大樹間停下，我扳下一塊統一麵渣，塞進小武哥嘴裡，他會笑著揉揉我的頭髮說：「你吃吧。」

「我們一起吃。」

我會這麼回答他。兩個人站在暮色四合的濃蔭下，把那包統一麵分吃完，然後再走進曬穀場和練武的師兄弟們會合。開場練武之前，孩子們總在場子上追逐、玩耍，碰到有人想抓我的時候，我就會跑到小武哥後面，纏著他的腰躲起來。我還不瞭解那種潛在意識的需要，我還居住在一個原始的、沒有被文明支配或污染的天真之中，在命運和情感的驅使下，我跟隨他，就像影子追隨光。

但是對於光，我的瞭解不會比一根蠟燭更多。

一個週末下午，小武哥到家裡找我，他說載我去看我大姊。那時大姊國三，週末要上輔導課。小武哥讓我坐在腳踏車椅墊上，他在後座伸長了兩隻腳踩踏鐙，左臉貼著我的右臉，雙手抓著把手環抱我。陽光隨著樹葉在晴風中顫抖，產業道路兩旁是翡翠綠的田，樹影迭替落在我們身上，遠處有沉睡的山巒，有時是白霧霧的一片。

我感覺到頭髮在空氣中流動，感覺天空，感覺樹，感覺到一種活生生的、翱翔的快樂。我喜歡他的汗水有陽光的味道，喜歡他呼出的氣息有如泉水般甘涼；鬆弛的風在朦朧地觸摸我的皮膚，我們之間沒有交談，沒有沉默，也沒有平靜或激動，我們就是歡迎，歡迎每一個朝我們而來的片刻。

小武哥把他的鐵馬停在學校外牆的陰影下，靜靜攏著我的肩膀，一起向圍牆裡面的教室眺望。我靠著他，讓微風吹涼我們的身體，好像我們來到這裡其實只為了一個更簡單的目的：流汗，然後靜靜等待風乾。

這令人不自覺微笑的片刻，讓我意外瞥見**永恆**（雖然它的壽命跟泡沫一樣短暫），在無法以孩童的邏輯來詮釋的震動裡，有逸出常軌的、無法辨認的愛，以及淡淡的惆悵。

整個暑假我們幾乎天天昵在一起。每個星期天的午後，小武哥會抱著我在閣樓午睡，大姊有一次經過，看著我們笑說：「你們真像一對父子。」

我喜歡他抱我，喜歡他身上的味道，喜歡他把嘴唇抵在我的髮間。我們躺在絨絨的熱氣中，油光水汗地抱在一起。往往他中途醒來為我拭去頭臉的汗水，把灼燙的嘴唇貼在我的前額，這時我的感情不是無知的，我隱約知道那是什麼，但又困惑於那是什麼；我感到一種安心的激動，一種嘆息著在心裡站起、坐下、走來走去的焦慮，但是我沒有阻止我對它的渴望。

有一個週日，中午吃過飯，我站在閣樓窗前引頸眺望，手裡拿著我的橘紅色學生帽，數不清第幾次戴上它，一面左右看看鏡中的自己（這樣好不好看？他會不會喜歡？我懞懂的意識到，這是我唯一想得到用來「悅己者容」的東西），一面望著窗外曬穀場盡頭的小巷；等待就像一個甜蜜的懲罰，充滿了熱情的惶恐和焦慮。

他來了。

我遠遠看見他的白色上衣，急忙飛奔上床，然後聽見他啪噠啪噠走在曬穀場的腳步聲，咚咚咚踩著木造樓梯跑上來，愉快地吹著口哨。我閉著眼睛，感覺到他站在門口，沒有立即走進來。我的心臟在瘋狂跳動（為了一個我們都還沒有發現的祕密），但是我的呼吸偽裝得很好。然後我感覺到他在我腳邊躺下來，失去動靜。等待變得漫長而疑惑，小武哥製造的聲音突然消失了，我偷偷睜開眼睛，忍不住爬起來，看著躺在我腳邊的他，一樣的白色短上衣、卡其色學生褲，修長的腿，大大的手和腳，形狀特別凸出的踝骨，就像壓在皮膚底下的半顆核桃。他雙目閑閑合著，四肢默默舒展，呼吸深沉，彷彿已經睡沉了。

我輕輕推了推他，沒有反應，他真的睡著了。一股失望從我的指尖湧起。

對我來說，小武哥已經是個大人了，一百六十八公分高，廣闊的胸膛，寬厚的手掌。看著他，我感知到我的失望裡有一股強烈的衝動，這是我一點也不瞭解的衝動，我想緊緊地擁抱他，融入他，甚至變成他：一個神祕壯亮的生命，美好得令人心痛。可是我不能，我被一種無形的距離阻擋，只能以好奇和等待的目光注視他，無所適從的困惑使我更加地感到寂寞。

接下來，我突然注意到小武哥睒睒顫動的眼皮，這讓我明白了他在戲弄我，我跳起來撲向他，笑說：「你裝睡。」

他哈哈大笑，把我攬進懷裡，「傻瓜，睡覺幹嘛戴帽子？」

我腆著臉不說話。他把我的帽子摘下來，揉亂我的頭髮，笑說：「睡吧。」

替身。

暑假期間，國術館的出館次數頻仍，哪裡有熱鬧，哪裡就有我們的蹤跡。出館表演由師傅帶頭，走完出館儀式（敲鑼、打鼓、舞獅）之後，再搭車前往目的地。沿途，我們振奮且安靜的微笑著，對於即將到來的表演竊竊私語或肅然靜默。下車後，一路人馬浩浩蕩蕩走進流席醮神的村子，壓肩疊背的村民洶湧上來，拿棍的師兄弟們棍棍相抵，開出一塊地方讓劉世偉同我帶頭耍連環棍吸引人潮。

劉世偉跟我的默契就像是天生的，纏鬥中的兩支快棍擦出驚人的花樣。我們滿足於這種條暢的溝通，就像被捲入一個未知的黑洞，不知道會在裡面遇見什麼，但是心裡很清楚那是我們所盼望的。這使得我們更常在一起習練棍法。然而，開學後的課業壓力迫使我分心，逐次減少去國術館練武的天數，卻反而增加了與劉世偉之間的接觸。

劉世偉常常找我同他一塊做功課，在學業上他需要我的幫助，更希望我常去他家玩。我喜歡劉世偉家那個有著森森藥草味的中藥店，陰敞的店堂在炎炎夏日裡沁著一股涼意，彷彿住著悠長、垂老的歲月。往往，大人們在屋前忙，小孩在屋後玩。劉世偉的弟弟世宗很粘我，常常吵著要我留在他家過夜，有時拗不過世宗的糾纏，我就只好在他家借住一宿，隔天和世偉一起上學，下學就一塊唸書或街頭衖尾的玩。

那時，我常羨慕別人住新樓房，有自己敞亮的房間，然而一去了劉世偉家裡，頭一次從別人家三樓的窗子望見自家矮舊的瓦檐磚房時，那一小塊溫暖的閣樓黃光立即刺痛了我的眼睛，令我熱淚盈眶。

我體會到的彷彿是一種類似鄉愁的東西，但又不全然是。語言在這種時候是無能的，就像你很難對一個天生的瞎子描述光或顏色。

才過了一會兒我就想回家了，但是我的教養告訴我不能做任性的事，哪怕只是站起來胡謅一個藉口離開也是不行的；從小我就被教導要誠實，要履行承諾。然而，我卻沒有想到（這個教導後來會變成一種盲目的忽視），我也應該對自己或自己的感覺誠實。

世宗玩累了睡在椅子上，大人進來抱走他，我被留在世偉的房間。我知道我會睡在這裡，也因為一種神祕的欲望而生出了近似飢渴的焦慮。劉世偉換了無袖汗衫，脫掉學生褲，關燈，上床。我仍然穿著白天的制服，肚子上蓋著太陽曬過的涼被，呼吸我們身上的肥皂香，並且為了努力抑制體內某種難解的騷動而微微顫抖。黑暗中，我們清醒卻沉默地躺著，然後我感覺到他的手在身體的邊緣移動，等待彼此慢慢熟悉欲望成形時的提示，以指尖的皮膚探索身體表層和隱蔽處的祕密形狀。我們首度嘗試那種難以言喻的糾纏，在斷續的瞥見中抖索著，五中如沸，就像身體不是我們的，而裡面有熊熊的熱火在燒。

在悶哼的掙扎中，我們最終找到了一個共識的姿勢，就像螺絲帽找對了螺絲釘。我們試圖把身體之間的空隙用皮膚和衣料填滿，以兩個孩子有限的知識，取悅燃燒中的無知欲望。一種被撕裂的甜蜜隱藏在緊閉的雙唇和堅硬的磨擦中，我感到疼痛的胸腔需要新鮮的空氣，一方面又不想中斷這笨拙的狂喜。然後，終於，一陣緊促而強烈的顫抖，如漣漪般從裡到外地發生了。我們幾乎同時壓抑住那一陣掀騰的激動，把不熟悉的嘆息緊緊關閉在嘴唇中。然而，那種像哭泣般的感覺卻瞬間釋放了我，也釋放了我們。

安靜了幾分鐘之後，我們又回到起初的距離，並且在明天，我們會假裝這一切都沒有發生過。只有被忽視的那個部分知道，我們的友誼並不如想像中穩固，有一半建基在對彼此身體的好奇和期待，另一半卻在這個期待的震顫裡逐步瓦解。

我憑藉本能在粗淺地摸索「性」的知識，卻不能以相同的方式理解愛，就好像劉世偉和我，我和小武哥，以及小武哥和大姊，這中間的暗流如迷霧般錯綜複雜，也還不曾在我心裡造成衝突。我彷彿被困在一個即將從迷失中覺醒的欲望中，好奇而勇於嘗試，但是運氣不好，就像井底的青蛙。

在一個十一歲男孩的單純的心智裡，喜歡一個人和喜歡一件事情之間似乎沒有明確的關聯性，我願意品嘗那些看似意外來到我生命中的經驗，滿足我的好奇心，但是無意為它們定義。我從來沒有想到，在我摸索欲望並解構愛的同時，命運已經為我們預示了劇本，並寫好了台詞。

當我現在回頭注視那個儲存在過去的宇宙（記憶的洞穴）的時候，我已經不會特別感到悔恨或迷惑，我只會產生一種可笑的悲傷。

那時，在我發現情感的動線不會隨著我們希望的模式行進之前，在欲望和愛不能找到平衡或協調的方式之前，我看著那個追求我大姊的小武哥和溺愛我的小武哥在一道無形的玻璃牆之間穿梭。常常，我坐在他們的中間，在出館顛簸的車上，他的手和她的手藏在我的身體後面；我幫他們傳遞情書；我裝模作樣地戲弄他叫他姊夫。有時候，小武哥會從玻璃牆的那端回到玻璃牆的這端，全然屬於我，讓我感覺不到他曾經離開過，像一個同時存在於兩個空間、彼此對立的人。

在保守的村子裡，我擁有比大姊更多的機會跟小武哥在一起，我們像兄弟、父子，或虛擬版的情侶，彷如大姊住在我的身體裡，我暫時取代她。他們沒有機會做通信以外的交往，除非有我的掩護。

一天下午，小武哥如常抱我午睡，大姊坐在床邊的矮凳上跟我們說話，炎炎的秋老虎侵入閣樓，沉沉地鋪設四周，我們聊著聊著漸漸睏了，迷離的熱氣和閃爍的灰塵在光影中羼動。我睡了一會兒醒過來，看見大姊弓著背，側臉枕在小武哥的手掌上，濃濃睡著。我感覺著小武哥起伏的胸膛和厚實舒適的肩窩，靜靜注視他們沉緩地呼吸，空氣中隱約飄浮著桂香，破碎的光線落在大姊粉白的臉頰，睫毛輕輕搭出一沿針影，她在一落黝金的陽光裡沉睡，也許正做著一場奪目的美夢。

在這靜寂的下午，我以試圖搜尋答案的目光注視他們，第一次感覺到痛苦。那道介於我們之間的玻璃牆開始龜裂，中心點變得更遠或更近。我把耳朵貼在上面，聽著內部傳來崩裂的聲音，那是一種陌生的感覺踩過心臟的聲音，嫉妒的聲音。我感覺到體內的某個部分被撕開，落在那裡，像一隻剝掉鞋底的鞋。

那只是一顆渺小的種子，冒出一點嫩芽，帶著難以想像的力量躲在心底，我可以不去注意或暫時遺忘牠，但是牠不會放棄生長，相反地，牠使出全身的力量向上、向上，以驚人的速度，並且一聲不響。

我假裝一切如常，希望一切如常，並且相信一切如常。小武哥按時來接我去練拳，到家裡陪我，或載我出去玩。我們愈來愈形影不離，愈來愈依賴對方，雖然我不知道他依賴我什麼或我依賴他什麼，但是我知道我們都喜歡這樣。當白天愈來愈短，他載我回到家時已經薄夜了，星星在我們頭上，小武哥把自行車停在街口的牆跟旁，雙手圍著我，左臉抵著我的右臉，看晚風吹過樹梢，低低說著話。有一次我忘了為什麼生氣，小武哥逗我說：「你生氣的樣子好可愛。」

我瞪著他。

「你要是女生會更可愛。」

他捏捏我的臉頰，望著我的表情讓我忍不住笑了。接下來，我做了一件連我自己也渾然不覺的試探（不，不可能是試探，我根本沒有那個心機，我是真心實意的希望），我既突然又衝動地說：「如果我是女生，將來一定要嫁給你。」

「哈哈，不要，女生要是長得像你這樣，一定很可怕。」

「你騙我，你騙我，王八蛋，你騙我……」

我纏著他，像一條蛇，用髒髒的小手打他，撕他的嘴巴，但是他好脾氣地讓我，搔我的胳肢窩。

晚上洗過澡吃過飯，他又會來找我，狹窄的客廳擠了一家大小加上他，孩子們排排盤坐在電視機前，只有我坐在他身上，倚著他的手臂，覺得滿足又安全。那時，每到週末有一個恐怖的靈異節目叫「第三類接觸」，小武哥說他看完不敢一個人騎夜路回去，要我陪他，去他家過夜。

在回去他家的路上，我們盡情驅策那架低聲尖叫的鐵馬，一起抓著把手，匡啷匡啣面向勻淨的夜空。他一路騎一路哼著歌，涼涼的空氣，溫暖的皮膚，隱約的愉悅的肥皂香，偶或幾聲狗吠貓唚，像在平緩的水流上製造擴散的痕跡；闃靜的村街上零星的路燈，在潮溼的空氣中微微顫抖，一陣陣黑魆魆的樹浪，像一群跳舞的魍魎，但我心裡沒有恐懼，只有一種應和大自然節奏的欣然。因為這是屬於我們兩個人的夜晚。

小武哥的房間只有一張雙人木床和臨窗的書桌，桌上一幅拓印上去的水藍色世界地圖，底下一排色澤撩亂的各國國旗。我們躺在燈下說話，習習夜風撥動掛在窗眼上的風鈴，月光以一種無聲的速度悄悄爬進來，傾瀉而入。小武哥拉著我的手，微笑的眼睛裡有一種我不瞭解的渴望，他說：「欸，這要是你大姊的手就好了。」

我沒有說話，我心裡也是這麼想的，如果我是我大姊就好了。但是我不是。我的眼睛看起來一定很寂寞（也許還隱藏了一股望向別處的悲傷，和在裂縫中潛行的嫉妒，雖然我不知道它們是從哪裡來的，以及它們意味著什麼），因為小武哥立即像海水擁抱沙灘，給了我一個不能經由皮膚傳導的愛，只能以兄弟、父子或朋友的方式解讀，一個沒有摻雜欲望的碰觸。

之後，我們在擁抱中入睡，同時把我的寂寞留在其中一個有月亮但是沒有月光的夢中。我以為我必須等待，雖然暫時看不清楚等待的盡頭，但這是等待本身的意義：一條充滿凝視的過程，通往有樹蔭遮蔽的希望，以及不能以視覺或話語領會的神祕道路。

翌日，在星期天早晨的飯桌上，我想到我們有一整天的時間，就好希望能小心翼翼地握著，溫柔地握著，握住這一刻，下一刻，再下下一刻，永遠地握著，但是桂姊在這時候走出來，像一個懷有陰謀的破壞者，眨動著嘲訕的眼睛，看看我，又看看小武哥，裝模作樣地望著別處說：「欸，這要是你大姊的手就好了。」

小武哥知道前一晚的話被姊姊聽去了，漲紅的臉上一片憨直的窘笑。我感到昨晚留在夢裡的寂寞又回來了，它以一種無法遏止的惆悵趁虛而入，縮短成一個像傷疤的記號，在一片可以清楚感知的失望中，刻下一種喚起回憶的氛圍，一個開關，不論多長時間以後，只要一個不小心的碰觸，它就會像電流那般明顯，像一個永遠不會消逝的巨大的漣漪，在表面和深處製造痛苦和顫抖。

這些我無法在當時跟自己解釋清楚的感受，都在一個小男孩長成到一個小男人的途中，慢慢的，一點一滴，匯流成一個無止盡的、憂傷、焦慮的漩渦。我多麼希望他能愛我，就像愛我大姊一樣，但是以一個十一歲孩子的思維，能夠清楚意識到的感情實際上沒有比心裡祕密期盼的更多。而我的期盼給我的唯一感覺就是困惑。

我彷彿陷身在一個擠滿黑暗的洞穴，錯亂的地道通往未知，我的每一步都可能誤入歧途，而每一個未臻成熟、不確定的感受，都像一團團厚暗的飛翔的蝙蝠群圍住我，雖然我可以碰觸或感知到一些沒有答案或具體形狀的沉默，但是它們對我來說是全然陌生而恐怖的。迷亂中，我發現我可能永遠走不出去，而詭異的是，這種結果卻很可能是我所希望的。

有時，我在靜默中透過一種特別的直覺來詮釋那些無秩序的寂寞，試圖想出某種方式當作某種深奧能量的出口，這促使我逐漸認識到那些隱藏在生命的反面、可能在懷念中被遺忘或在遺忘中被懷念的天真或邪惡。然而無論如何，這多少和我們身體碰觸的方式有關，和性別的規範有關，也和社會的權威密不可分。

面對他，我彷彿可以輕易地觸知到那條心底的裂縫，像一道傷口，湧出的仰慕甚至跟憤怒一樣閃亮，有著清楚、透澈的渴望。然而在渴望之下，裡面，那個深邃、模糊、難以接近或分辨的東西到底是什麼？是象徵飛翔的翅膀，象徵寂寞的憂傷，象徵愛的欲望，還是象徵毀滅的黑暗？我從來沒有如此貼近地與它面對面，卻因而盲目了。

總之，那時的我在一個看不見方向的世界行走。

然後，我殷切地期待每個週末，期待他把我放上他的腳踏車，就像把提琴放入琴盒或把燈泡嵌入底座，那麼樣的切合，然後等待他的左臉貼上我的右臉，騎過半個村子，一路曬著月色。不久，我們會在院子裡停好車，進屋之前習慣倒著走，一起刷牙，在鏡子前吐牙膏泡沫，然後在那張夢著我們的夢的床上相擁而眠。

有一天晚上，我從一個氾濫的寂靜中醒來，一落清光攀在窗櫺間，隱隱像反映在玻璃片上的水影，我發現小武哥的嘴唇無意識地壓著我的嘴唇，一個睡眠中的吻，僵硬的碰觸，清澈卻沒有激情的意外之吻。我不敢動，也不想動，我安靜地合上眼睛，沉浸在無知的幸福中。在這輕囂如微風的驚奇裡，我慢慢嚅動嘴唇，小心嘗試接吻。我逐漸感到嗡嗡的血潮撞擊耳膜，每一口呼吸都在顫抖中挾著火。這到底意味著什麼？我浮躁不安，沒有思考，同時湧現狂喜和焦慮，等量的興奮和苦惱。

接下來，我悄然移出一隻手，慢慢在他身上摸索，找到了我一向好奇的、犄角般突兀的性徵，那上面交錯搏動的血管如鳥喙般啄痛我的掌心。然而，冒險的激奮令我疲倦，我的注意力如聚光燈般停留在一個地方太久，讓我的身體彷如一條繃緊的釣線。慢慢的，等到我開始覺得無聊，濃濃的睡意便頃刻如煙霧般覆蓋我的意識，我又再次睡著。

在睡眠中，在朦朧、潮濕、發亮如鏡面布滿水珠的夢裡，我踩在無聲的熱氣中，我聽不到我的腳步聲，它們已經被帶走了，很可能誤入歧途，而我的一隻手仍無意識地緊緊握著。吸吮了一天陽光的泥牆開始融解，休息變得虛弱而困難，我來到介於睡眠和清醒之間的懸崖，雙目微微顫抖。等到我張開眼睛，小武哥正在為我拭汗，並試圖抽出他的身體、解開我的手。接下來，他不知怎麼的在我的臉頰上親了一下，彷彿一個祕密的柔情，裡面寬容了一隻手的固執和一片羞恥的沉默。

我沒有回應他，因為突來的狂喜震撼了我，像一個僵硬的痙攣，眼睛沒有看向他也沒有看向別處，只有一個無形的滿足如潮水般湧出。

那天下午，我和小武哥在附近的曬穀場上玩，麗雲姊正好經過，低著臉問我：「你昨天晚上又在張振武家睡覺啦？」

我正繞著一具牛車跑，在牛車車轅上蹦蹦跳跳，想都沒想就說：「對呀，他還親我喔。」

麗雲姊愣了一下，小武哥連忙接口說：「對呀，他不乖當然要『揍』。」他輕輕握住我的肩膀，一個難以分辨或瞭解的暗示經由他的掌心，悄悄流進我。

閩南語「親」和「揍」的發音近似，麗雲姊恍悟著笑說：「噫，你怎麼可以欺負人家呢？」

我呆呆望著小武哥，一時不能猜透他的用意。等麗雲姊轉身走了，小武哥才蹲下來從背後圈住我，看著她走遠的背影，在我耳邊低聲說：「以後不可以跟別人說我親你。」

我點點頭，第一次經驗到一種可以耳語但不能說出來、隱約可以感覺卻不能清楚看透的事。這一刻，可以說和不能說的分界線在我的腦海裡安靜地影現。接著我突然發現，我們之間有了不能和別人分享的東西，我們的快樂也許並不受到這個世界的歡迎，這應該令人憂傷還是開心，我還不太能確定。然而我的體悟是隱晦的，彷彿起了一點浪頭就被廣漠的大海淹沒了。

我答應小武哥不會告訴第三個人，他抱我坐在牛車車軛上，柔聲說：「這是我們的祕密。」

「嗯，祕密。」我伸出手和他打勾勾。

原來和喜歡的人保有祕密是這種感覺，這種，言語難以適切表述的感覺。然而，很奇怪的，我並沒有聯想到劉世偉，夜裡的那些不可告人的行為，好像遠在另一個世界；也許和他從事的那些「遊戲」純粹只是身體的探險，不像祕密，而比較像是個默契——覺得我們犯了錯，所以不張揚、不討論，甚至拒絕想起——但我對小武哥的渴望不是遊戲，不是夢，也當然不可能是錯的。我想，那時的我完全處在一種天真的混亂中，成人的邏輯在我的世界裡是行不通的。

然而，在那些無憂無慮的流逝裡，微不足道的煩惱卻被小心藏在黑暗的漩渦。

有一天放學排路隊回家，劉世偉問我可不可以去他家寫功課，我說我不能去，因此他臉上浮起一層憤怒的顏色，尖刻地說：「我知道，你一天到晚跟你的小武哥躲在閣樓，不曉得在裡面做什麼。」

我因為心虛而生氣，以一種防衛的語氣大聲說：「是你想跟他做什麼吧！」

他沉下臉不說話，轉身走了。

那一刻，我突然想起那些曾經「撕裂的甜蜜」，想起我們隔著衣衫磨蹭彼此的歡愉，想起他擂鼓時的瀟灑，我們耍棍時如雨點似的默契，還有我們所剩無幾的友誼，心裡一陣懊悔。我到底是怎麼了？難道我做錯了什麼事嗎？我不能解釋我跟他的行為，因此我選擇轉身背對，選擇假裝，選擇遺忘它就像想不起的一場夢，所以就沒有什麼不能面對的事，因為沒有發生。

然而，劉世偉的話讓我有一種四肢被折斷的感覺，我首次認真思考了我對小武哥的感情，與大姊和小武哥之間的有什麼不同，這個想法把我整個人掏空了，我感覺到一種被孤立的憂傷和恐懼，但是我不知道怎麼處置它們，所以我假裝它們就像那些必須等到我長大以後才能瞭解的事，把它們封箱藏在角落，上面寫著「未知」、「暫不受理」，而我不知道過了這一刻，我的童年即將如泡沫般消逸無痕。

稍晚，這個充滿威脅的思考很快被另一件更重要的事情取代——颱風登陸，在外工作的爸爸沒有在應該回到家的時間進門。突來的暴風雨把小武哥困在我家。我們在靜默中等待，心情和屋外一樣黑暗，枝狀的閃電帶進一片雷聲，我偎在小武哥懷裡，看著阿母沉鬱、憔悴的黃臉，她焦慮的目光在黑暗中追索，彷彿想從那一片黑霧般的怒海中認出什麼。我在微弱的顫抖，就像有人在搥打我的身體。有幾次，我恍惚在怒雨中瞥見一條熟悉的影子，但那只是一縷害怕失去的幻覺。

過了一段漫長的、不能用秒針計數，只能用憂心計數的時間之後，我突然聽見一片哽咽、驚喜的叫聲，阿母跳起來衝向門口，在滿目的淚光中笑說：「回來了，回來了，你們阿爸回來了……」

一點從黑暗中模糊移近的微光，慢慢擴散成一片黃鹽般的光柱，阿爸的摩托車前燈潮濕了我們的眼睛。阿母匆亂跑去開門，我們都擁上去，阿爸笑著說沒事沒事，更準備坐下來把沿途的經歷說給我們聽，但是阿母堅持催他先去洗澡吃飯，他這才咕噥著走開。我盯著阿爸轉逝在門後的背影，再回頭看一眼小武哥，心底升起了一點被攪拌過的小小的智慧，伴隨著一股冷卻中的哀傷，我彷佛領悟到了什麼，又彷佛迷失了什麼，我的生命被切割成兩個部分，一個在無知地享用著幸福，另一個在注視著那個無知。

曲解。

我們站在曬穀場邊的牛欄外，看著欄裡的黑水牛搖尾巴趕蒼蠅，一坨坨青黃的牛糞在熱氣中散發著草腥味，木檐的影子斜斜蔭下，水牛抬起溫柔烏黑的大眼與我們對視，然後慢慢踱開。不久，堂哥在衖堂裡喊我們玩紙牌，小武哥低頭看了我一眼，聳聳肩說：「又來了。」我笑了笑，沒有說話。

堂哥和幾個鄰居小孩圍坐在大伯家客廳的八仙桌，我站在小武哥旁邊看他們玩撲克牌。炎熱閃亮的下午，空氣中顫動的蟬聲，寂靜的屋內充滿睡眠的味道，我漸漸支撐不住，但仍強迫自己睜開眼睛，斷續、空洞的觀看著，就像一雙帶不起身體重量的翅膀，在奮力的飛翔中下沉。然後我隱約聽見堂哥又說要賭錢，小武哥放下紙牌說：「賭錢我不玩了。」

我們走出大伯家，陽光當頭潑下，亮得我睜不開眼睛，但意識稍稍清楚了一些。

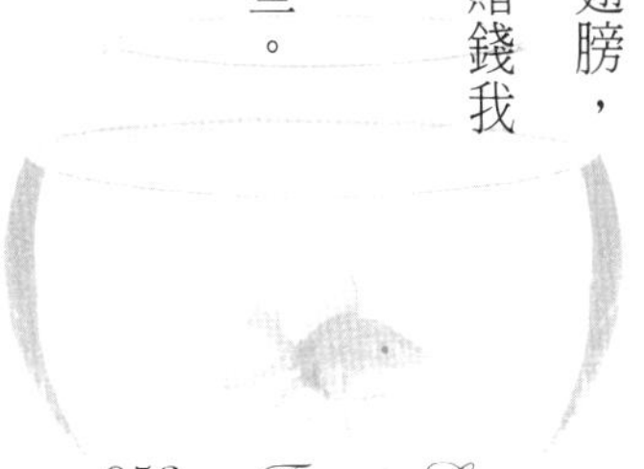

「想睡了喔？」小武哥攏著我的肩膀說。

我靠向他的身體，點點頭。

「走，我們回去睡午覺。」

才說完，劉世偉忽然從背後突襲小武哥，他掀起他的襯衫下襬，小武哥回身撲了個空，劉世偉又笑著去摸小武哥的褲襠，兩人纏鬥起來。我站在一旁看著他們掙紅的笑臉，整個人像一隻抓緊的拳頭，從裡到外，一陣陣交頭接耳的嫉妒在啃噬我。那種被孤立的恐懼又再一次從我內心深處湧起，我感到一股驚痛的憤怒，一顆持續腫大的拳頭，像膨脹中的氣球滿滿占據我的胸膛，彷彿就要爆炸。

劉世偉是故意的，我知道，或說是感覺到了——來自我的眼睛、皮膚、骨骼，到每一根神經都感覺到了。

「家明，快來幫我。」小武哥一面抵禦劉世偉的攻擊，一面喊我。

我遲疑了，但還是加入了戰局。劉世偉不敵我們的圍攻，且戰且退，退進陰涼的街堂裡，睜得大大的嘲諷的眼睛，喘息著望我冷笑，他的笑裡有一股怨氣，像漩渦裡的暗礁。我和他對望著，複雜的凝視，然後他虛弱地說不玩了，轉身消失在陰暗中。

有一陣子，劉世偉彷彿不想結束這個帶著恨意的、酸溜溜的惡作劇，他掀他的衣服，摸他的褲襠，甚至趁小武哥不備撂倒他，整個人趴在小武哥身上，兩個人在地上角力，磨蹭彼此的身體。

有一次他們玩得格外誇張，我就像一隻焦慮的蝙蝠在他們四周飛來飛去，找不到插手的縫隙，只能一旁乾著急。那一刻，我覺得很生氣，我不知道應該氣誰，只好氣我自己。無計可施之際，我忿然轉身跑走，一路跑，一路哭，拖鞋掉了一隻，受傷的心沉浸在失望的冰冷中，尖熱的碎石子刺燙我的一邊腳掌，骨白色陽光卻釋放出一股寒意。我衝進家門，奔上閣樓，午後的黃光舞著塵粒；我撲倒在床上，掙扎，憤怒，充滿憂愁和恐懼，就像離開水的魚——那種掙扎異常寂寞，是唯有自己才能瞭解的痛。

我陷在崩潰的自憐中，縱容自己的想像力，覺得整個世界都在離我而去。盤據在我心底的沉重氛圍使得等待變得漫長而空虛，直到飽漲的情緒使我變得非常疲倦，這才聽見小武哥的腳步聲走進屋裡，然後他上來了，木樓梯格格震耳，好像踩在我的心頭。我聽見他彷彿嘆息的呼吸，也警覺到自己強壯的心跳，撞擊胸腔的力道像來自一隻發瘋的啄木鳥。

他的大手搭在我的肩胛上，「怎麼了？」

我摀著臉，堅持不說話。

他側身躺下來，臉對著臉，輕輕扳開我的手。我猛地翻身背對他，又擔心他的愛會因此而減少，一股冷和一股熱在我體內僵持著，揮動枯萎的手，在無聲求救。他攔腰將我抱了過去，下巴抵著我的肩膀，我感覺到他的呼吸吹在脖子上，「你怎麼突然跑掉了，沒有看見我被壓著起不來嗎？那小子還真有蠻力……」他輕笑起來，「他那副拼命的樣子，真……真不會講。」他又來扳我的手，「你再不理我，我走了喔。」

小武哥見我沒動靜，正想放手坐起來，卻讓我一個反身抱住了。我將臉埋進他的肩窩，聞他的體味，為了消滅心中瘋狂的懊悔，我緊緊抱著他，以不曾有過的方式擁抱他，強烈到幾近野蠻，就像企圖把他揉進我生命的中央，直到再也分不出他是他，我是我，誰是誰。

他沒有拒絕，他溫柔而安靜地接受了。一種像光影輪替的思想在腦中流動著，最後從我們身體的縫隙溜走，那個受傷、苦惱的自尊沉澱了，我把臉轉向一邊，繃緊的手臂也因而鬆動，小武哥揉著我的頭髮說：「你不喜歡，我們以後不跟他玩了，好不好？」

我在他懷裡點點頭，然後在發覺到眼淚變冷、乾掉之前，舉起嘴唇在他臉頰匆匆一點，雖然我更想碰觸的是他的嘴，但是我成功忽略了我的欲望，並且暫時沒有意識到這輕輕一點的吻所意涵的是什麼。

過完年後，我不再上小武哥家睡了。我不喜歡桂姊每次看我的眼神，尖利得好像能看穿一切細節，雖然我不真的以為我和小武哥之間有什麼需要隱瞞的，但我想起那個祕密，為了那個祕密，我覺得我們還是小心一點。

我幾乎已經十二歲了，漸漸聽懂同性間一些有性暗喻的絃外之音，我的身體也同時在沒有人引導或約束的方式中跌跌撞撞地長大，而且在潛意識裡，我對自己和別的男孩的身體抱持著一種隱抑的、和恐懼相互餵養的欲望。雖然我不斷在忽略這種欲望，但它們就像根除不盡的雜草，不知如何隱藏才是。

因為愈來愈繁重的課業壓力，也因為和劉世偉之間的尷尬，我漸漸不再去國術館練武，同樣的，小武哥也有聯考將至的問題。儘管如此，我們還是花了許多時間在一起。白天的時候，我們之間那種無憂無慮、健康、透明的情感，就好像兄弟、父子或朋友，不會遭人側目或剝奪之虞；到了夜晚，住在體內的那股強烈而難堪的需要，卻不停叫喊著奇怪的耳語，躁動地揮舞著它的武器：一股抽搐的力量，因為瘋狂的渴望而掏空了身體。

每到週末，小武哥一定留下來過夜，我們就像一個住在兩個身體裡的分裂物，迫切地追索著另一方。然而，我們一直沒有機會長成到可以同步溝通的年紀，他無法教會我人世的險惡，而我也無法理解或掩飾我的衝動。

在偏促的客廳接連廚房的一小塊空地上，阿爸擺了張木板床，用一條布簾隔著，我和小武哥就睡在那裡，半夜有人起床喝水、上廁所就在我們的腳丫前來來去去。

睡在小武哥身邊，我感覺自己好像一個盛滿愛和欲望的容器，我無法控制它們，是它們在駕馭我，解構我的希望和絕望，像一支困惑的舞蹈。我還不知道如何爬梳心智，或流暢狂暴的身體，我在興奮的狀態中痛苦掙扎，為著應該以什麼方式跟所愛的人緊密結合而無能為力。

從那個時候開始，他不再抱著我睡，也不再讓我貼近他，每一個敏感的碰觸都會被他輕描淡寫地躲開，我「以為」他沒有從前那麼喜歡我了，因而觸發一隻受傷野獸的苦惱和憤怒，沮喪的感覺在我心底擴散，像一群老鼠眼中貪婪、陰暗的齧噬。

在以後的日子裡，那個隱藏在面具底下的痛苦一直糾纏著我。

小武哥仍然天天來找我，仍然把聯考前寶貴的時間浪費給我，但是他不再以我想要的方式擁抱我。然而，盲目的愛讓我粗率地相信，他和大姊之間的戀情跟這些都沒有關係，至少不是同一種關係。

直到大姊的日記被阿母找到，直到不識字的阿母把舅舅找來，竊竊私語的日記被大聲、忠實地陳述。這之後我才知道，愛是一條流變的河，它會走向平靜或瘋狂，行經不同的方向，但一樣的出口。

阿母有計劃的憤怒讓事情有了滿意的結果（至少對大人而言是這樣），她將大姊找來，以嚴厲的口吻做溫和有條理的訓斥，她相信一向乖巧聽話的大姊會做出**對的**決定——她還太年輕（對象甚至比她更年輕：一個吹口哨、騎單車、有生育能力但沒有供養能力的男孩），不適合在這種時候投入感情。

我無法確知大姊心中真正的感受，她沒有（或沒有被看到）顯露出任何應有的悲傷或痛苦（小武哥也沒有，就像放下一個隱形、友善、不屬於他的承諾一樣），她忙著在畢業後分擔家計，忙著適應新的生活、面對新的朋友和陌生的工作環境。他們的愛情就像一個平凡的錯誤，一個安靜、模糊、沒有遠景的回憶。

事後，小武哥依舊到家裡走動，阿爸阿母一樣喜歡他，待他像自家的兒子。

我仍然記得他們注定「分手」的那一刻，小武哥那種難以常理辨識的表情，一個似乎不怎麼吃驚，卻隱含著神祕核心的微笑。當我跑去跟小武哥通風報信的時候，我以為他會傷心，或至少流露出失望的表情，但他只是微笑問我：「你阿母有沒有很生氣？」

「有啊，還罵了我大姊一頓。」

「真的呀？」他皺了皺眉，一個僵硬的微笑被緊繃的嘴巴鎖住。

「不過我阿母沒有生你的氣，」

「為什麼？」

「我阿母說，我姊年紀比你大，女孩子沒有主動，男生怎麼會有機會，所以她沒有生你的氣——不要擔心啦，你還是可以到我家來玩啊！」

他搔了搔頭，突然湧起的紅色笑容裹住他，就像一個靦腆的巨人。

「那麼，你們以後怎麼辦？」我抑制我的感情，好像準備要面對一個被強行打開的、悲傷的沉默。

但出乎我意料的，他只是聳聳肩，朦朧發亮的眼神驚醒了在我裡面熟睡的悸動。

然而，所有事情的開端倒不是因為那本日記，它只是條引線而已。我的絕望來自一個無心的意外，我完全不曉得自己即將面對什麼，也不知道擋在我眼睛前面的那些歪扭的曲解原來全部出自於我，我的內在，那隻被嫉妒和恐懼戳瞎心智的無意識的野獸。現在，經過這麼多年的悔恨，我不得不承認，我們的緣分注定從那裡走到底，再後面，就只剩下一個充滿孤獨的我。

那天下午，在聽到阿母跟他說的那些話以後，我試圖恨他，像一隻陷在憂傷裡的憤怒，我反抗、違拗、鬧彆扭，試圖以冷漠、荒唐的殘酷證明什麼。阿母的話糾纏著我，我站在陰影裡聽見她用愉快的口吻說：「之前我還以為你來都是為了找我們家明，原來你都是來找家卉的喔！」然後阿母又說了些什麼，就像水面流逝的泡沫，我只聽到啪叮破滅的聲音，心裡響亮的耳語說：「原來你不是來找我的……」

小武哥沒有說話，他的沉默讓我放在心上了。

我開始躲他，在旁人眼中，我就像一隻放棄飛翔的鳥，不可思議得莫名其妙。

他到家裡找我，我就躲出去外面；他到外面找我，我就躲回家。我是這麼的怨恨，又那麼的渴慕他的愛，可笑的是連我自己也不明白。

週末我知道他會來，就一個人跑進人潮川流的夜市，讓他找不到我。我從這一條路走到那一條路，又從那一條路蕩去另外一條路，在洶湧、喧嘩的人群中跨出我孤獨、費力的每一步。

我想念兩顆快樂翱翔的心，卻緊盯著那些被關在籠中販賣的鳥，我懷疑牠們遺忘了天空，或者從來就沒有得到過自由，也因此沒有嚮往——這樣也好，從來沒有總比擁有後又失去來得幸運。

每一次我逃避到最後，就會希望他能找到我，而他從來沒有讓我失望過。

我站在一個吵雜、有光影搖晃的地表，在不知不覺的移轉中前進或退縮，我不能在這條人流裡找到我要的，我扮演一個想逃離的角色，但我真正想做的卻是留在他身邊。

首次，我意識到自己誕生在一個安全的網絡裡，但是我不自由。

在我逃避的路途中，我既害怕又渴望遇見他。有一次，我突然意識到前面有一個彷彿是他的人轉過身來，我退後一步，卻退進了另一個人的懷裡，我回頭，忍住吃驚地、冷漠地仰望他。他就在我後面，守護著我，而我卻像個劊子手，完全忽視我的殘酷，彷彿不在乎我的逃避會造成不可彌補的傷害，反而希望醞釀更多激烈的衝突。他用雙手圍住我，以一種平靜的熱情和悄然的憂慮，露出耀眼的笑容，就好像我們兩人都知道，這種擁有彼此的方式是我們最終想要的：一種允許嘗試卻不可踰矩的愛。

我沒有回應他充滿困惑的善意，我只是默然等待著，盯著籠中的鳥，想伸手去摸摸牠鮮艷的羽毛，讓牠輕輕啄我的手，但我仍在等待著，在他堅定的大手下等待著，卻不真正清楚自己在等候什麼。一個在無形的幸福中等待看見有形幸福的傻瓜，痴情，但是愚蠢。然後，在碰觸到那個我以為是一道牆的沉默時，我退入到洶湧的深處，我甩肩掙脫他的包圍，轉身逃離擁擠的夜市，鑽進漆黑的巷道，我的眼睛淌出悔意，但是我奔跑的腳卻停不下來。

小武哥騎著他的老朋友，匡啷匡啷，前前後後跟著我，「上來吧，我載你……上來啦，阿明，別跑了，我載你……」他好聲好氣央求著。

我執拗的心是鐵做的，我控制著我的愛和希望，卻控制不住以瘋狂的欲望當做燃料的憤怒。我的眼前只有一條路，一條伸向黑暗的無止盡的路。我的記憶是潮濕的，孤獨是潮濕的，臉也是潮濕的。溫柔的叫喊在嚴寒的空氣中令我窒息，然而我停不下來……多年以後，我一遍遍在夢裡跑著，在渴望停止的奔跑中啜泣著醒來；在你的呼喚中，我從來沒有離開，我只是沒有辦法停下來。

阿母一見我跑進門，劈頭就罵：「阿明，你怎麼這樣沒禮貌，人家來找你，說也不說一聲，跑得不見人影，現在又不理人。這孩子，愈來愈不懂事。」

小武哥默默挨著我坐，陪我看電視。我目不斜視，眼裡沒有笑意，我的冷漠是一個充滿妒火的邀請，我用全部的生命感覺他，卻不讓他碰我；我逃避他，卻要他愛我，就像一隻抗拒水的魚、抗拒飛翔的鳥。

這是一個懷春少年渴望橫渡禁忌之河的妄想，幽暗、靜寂的河流沒有露出它湍急、奔騰的危險，我不知道我的船可能會和任何一根漂流的浮木相撞，也沒有人會聽見我求救的呼喚。我那時太年輕了，不瞭解生命的那種洶湧和沒有規律的陰暗性格。也許小武哥洞悉到了我兇猛的寂寞，卻無法對一個幼稚的憤怒做「人世險惡」的解釋。而我，只能像捕捉氣味般地捕捉愛，把它勾留在記憶中，就像一個遙遠無期的等待。

十二歲的我不瞭解這些，反而迫切在要求一個不能給予的承諾。

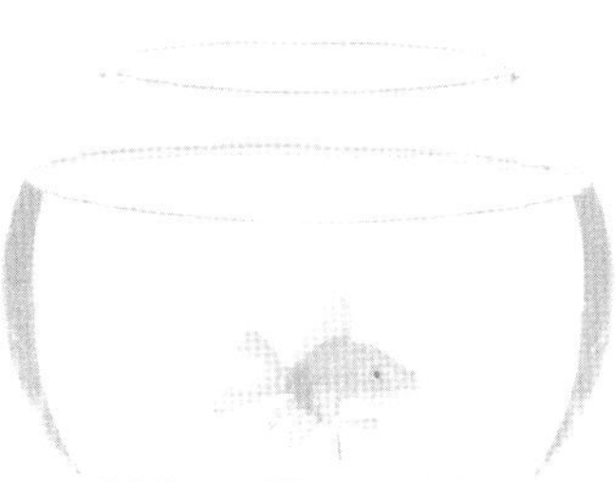

驅逐。

落日的金光從雲的背後滲出來，像一條清澈、靜默的河水奔過窗台，流瀉在課室的講桌，英文老師對著一班學生滔滔講課，我們一群剛進國中的新生下了課還不肯走，吱吱喳喳地在高年級的教室牆外交頭接耳。

那時，我們對陌生的事物特別熱衷，儘管靦腆，卻是初生之犢。英文老師攢了攢眉頭，瞟了一眼浮動的窗外，面有慍色地大聲喊說：「外面那群小鬼，下了課不回家在那裡做什麼？」

我踮著腳越過人叢眺望，一眼就看到小武哥，他回頭見到我，面孔立即亮起來，笑了。我紅著臉轉身跑開，感覺到他的眼神和一切關於他的記憶在圍追我。

那天放學，小武哥直接跑來找我，三腳兩步登上閣樓，笑嘻嘻握著我的肩膀說：「你今天怎麼會跑去我們班，是不是想我啊？」

我垂肩坐在桌前，眼睛望著地下，冷冷說：「誰想你了，臭美，不要臉。」

他低下臉看我的眼睛，「怎麼，又生氣了？」

我迴避他的注視，緊閉嘴唇，心中有一條被釣起的魚在空中翻滾、掙扎。小武哥笑著摸摸我的頭，一隻手擱在我後頸，將我拉近他，要把我的眼睛找出來和他的相認。我的下巴已經抵到了胸前，他的呼吸就噴在我的鼻尖，我不得已只好別過臉。時間停滯在那雙等待中的眼睛，以及被安靜碰觸的皮膚。然後，我突然暴躁地轉向他，兩隻嘴唇在意外中碰撞，我感覺到一種冰涼、柔軟的濕濡，一陣短暫、暈眩的幸福，然而他驟然抽身的動作傷害了我，好像那是個腌臢的碰觸。

我感到一股經由絕望而生的憤怒包圍我的心臟，痛苦的陰影占據我的臉和充滿恨意的眼睛，滲入骨髓的寒意讓每一條肌肉如冰岩般僵固。

「對不起，我不是故意的。」他說。

他的歉意讓事情變得更糟。我沉重地加速我的呼吸，焚燒的怒火強壯了我虛弱的四肢，我跳起來，想擺脫我們之間那些荒謬的往事，我對著他的臉大叫：「你走，你走，我討厭你，討厭你討厭你討厭你討厭你……」

他伸手想摸我的頭，但是我激動地拒絕了。我像一條暴雨中的河，無情、粗野、醜陋，布滿危險的寂寞，並且用我冰冷、湍急的背說：「你走。」

暮色裡有吱喳爭逐的痲雀，一把因為瘋狂劈砍而缺刃的斧頭懸在半空，發出影子般陰鬱的色澤。我聽見他開門走出去，時間像一條受傷的蛇，姍姍爬過木梯、衖堂、滴水檐前的石階，他沉默的腳步聲踅出大門，進入最後一陣消逝中的陽光。我走到窗邊，小武哥正在埕院裡望外走，然而他彷彿感應到了什麼，回頭仰起臉來盯著閣樓，我縮進暗處，淚水滿上來，模糊了飄在風裡的襯衫，也扭曲了在幽微中舞蹈的憂傷。

入夜之後，我躺在粗糙乾淨的床上，心裡想著他離開的樣子：長長的幽靜的影子，漂浮的月白色襯衫。

我想起幾個星期以前，我還在過小學最末暑假的一個晚上，**我們的老朋友**停在同一個地方，有路燈勾勒出樹蔭和牆影的地方，微光落在它的M字型把手，磨舊的油黃色心型坐墊（有他也有我坐過的凹痕），剝落的金屬色漆皮橫桿露出氧化的鐵鏽，我怔怔注視著它，一種奇妙的感情湧上來，不瞭解它為何老了，而我正值輕狂。

「發什麼呆？」小武哥一手搭著我的肩，一手牽過腳踏車。

「阿母，快點啦，電影快開演了……」大姊牽著小妹走出來，她落落大方面對小武哥，眼裡嘴角都是笑。大姊如今在工廠做事，看起來已經是個大人了，他在她眼裡誠然是個弟弟的樣子，搔著頭傻笑。

那晚，村子裡謝神播映露天電影，我們一家連同小武哥，趁著晚風走到廟前廣場看戲。小武哥抱我騎上坐墊，雙手圍著我，推腳踏車步行。到的時候，幕前已是人頭攢動，大家搶著爭占好位置，搬動椅條板凳的嘎啦聲和擁擠的談笑此起彼落。我們忘了帶板凳只好蹲著。大人互相打招呼，小孩跑來跑去，混亂的場面直到電影開映後不久才安靜下來。小武哥將我攬在他身上，低聲說：「來，你坐我腿上。」

他一腿蹲著一腿打平給我坐，痠了再換腳。我讓他摟在懷裡，臉貼著臉，感到一種無法確定的痛苦，彷彿被撕裂的幸福。我默記著他的氣味、皮膚的觸感、溫度、他偶然移動的手指、堅實緊繃的肌肉，以及一個「未定形的成年男子」的無知魅惑。

我以為可以永遠這麼下去，但是我們都長大了。我們之間出現了所謂「不適當身體接觸」的距離，我們必須在走進「錯誤的友誼」之前停下腳步，以一個「比較正確的方式」對待彼此。

當然，以一個悄悄從孩童變化成少年的小小智慧，還需要很多年，才能稍微看得清楚這深奧、複雜的人性世界。而今，二十多年後，已屆成年的我直視那個過去的我，那個逐漸在追憶中模糊的十三歲少年，「他」只能用一個不成熟的心靈過濾器去感受，用他半盲的手指去探觸，向周圍的沉默發出憤怒的哀告；「他」以為他的自尊被踐踏，實際上，他不明白他的自尊正隨著成長的恐懼壯大，並且在試圖驅逐恐懼的過程中遭到懲罰。

我意識到自己愈是喜歡小武哥，就愈不由自主地強迫自己推開他。

這既難懂又多刺的愛，我既想擁有它，又在無意識的衝動中毀滅它。

小武哥畢業前最後一次參加校運會的接力選拔，初賽時我去看他，站在跑道邊沿、圍觀人牆的最前面，煙飄鎗響的剎那，我的心臟伴隨他疾疾劃開的腳步撞擊肋骨——第三名，快追上第二名了，在現場尖叫連連的歡嘩聲中，他突然瞥見我，狂奔的腳步慢了下來。我急了，心底喊著：快跑呀，傻瓜。

他得了第六名，恰好是初賽遴選的最後一名。小武哥的女導師正值花樣年華，嬌氣地打著他的膀子，跺著腳說：「唉呀，好可惜，你幹嘛突然慢下來嘛，真可惜——」

小武哥搔著頭，紅紅的臉上滑過一抹靦腆的微笑，然後抬起下巴朝我站的方向搜尋，我假裝沒有看見，低著臉轉身跑掉了。

接下來好幾天，我斷續回想他慢下來看我的樣子，心中留下一種彷彿可以觸知的氛圍；我顫抖著幻想愛與被愛，彷彿真實可觸，而其餘那些不熟悉的部分，就像不能把握看清的煙霧，在領悟之光照進來之前，我的渴慕是純真卻浮躁的。但是在我的希望底下，潛藏著一個危險、鬱懣的自尊，同時渴望愛又不知如何處理那個讓我害怕的渴望，所生殖而出的憤怒。

有一天上午，一場暴雨使得校旁的溝渠漲大，淹流過兩排路樹。一夜的時間，操場泡在清澈的雨水裡，一窪窪積水映著藍天。我們正在搬動窗邊的桌椅、打掃髒濕的地面，一行人小心避開泥濘。突然，我在專注中意外聽見有人叫我，回頭看時，小武哥帶著耀眼的笑意，以一種令我尷尬的熱情靠近。那時，一股不被期待的怒火從我的心臟四周燃起，因為不想引人注目而惱羞成怒，受到威脅的情緒癱瘓了我的自制力，我憎惡地瞪視他，以眼神阻止他輕快的步伐，用所有渴望他的能量逼退他。

當我們怪異地對峙著時，反而吸引更多興味、好奇的目光，然而那些目光無異火上添油。困惑暫時滑過他的眼睛，卻沒有留下痕跡，他理所當然地縱容我的無禮，雖然感覺到某些不確定的東西在潮濕的空氣中激起漣漪，但是他沒有費心去思考發生在我身上的問題，他在嘗試習慣一個孩子成長中的任性和壞脾氣，就像擁抱一份禮物（不論這是一份多麼荒謬或不方便的禮物），眼裡有燃燒的喜悅，並以令人無法抗拒的嘴唇笑問：

「要不要我幫你？」

我用惱怒的眼神回答他，在控制著愛的同時製造憤怒，讓憤怒的浪潮在體內氾濫，引發類似嘔吐的痛苦。我亂了方寸，暴躁地想立刻結束這種不適的感覺，在焦慮和冷漠之間移動僵硬的身體，強掩我失措的手足。接下來，我忽然一腳踩進污黑的爛泥，插在泥裡的白鞋白襪霎時成了笑話。憤怒在我腦中即時爆炸，我對著束手無策的他屈辱地叫喊：「走開，你走開，不要再來找我。」

幾十雙帶笑的眼睛望著我們，更加使我氣急敗壞、面色慚紅。

看到這種意料外的情形，他也只好轉身走開。

我望著他的背——行走時律動的肩膀，安靜跨出去的熟悉步伐——猜測他的眼睛望向何處？心中升起什麼想法？我望著他的後影從轉彎處消失，突然感到一陣虛弱，裝滿憤鬱的心頓時空了，只留下難以駕馭的顫抖。

絕望。

我必須專注在課業上，唯有如此才能暫時忽略或驅逐心中那些糾纏的疑問，那些具體卻隱密的事物彷彿一個夢的片段，一連串錯亂、妄想的熱望，就像戴著手鐐腳銬、長角、具毀滅性的怪物，有時又像一條吞噬希望的巨蟒。我任由自己的心智在逃避中變得麻木、冷漠而失去彈性，讓真實的感覺在封閉的黑暗中萎縮，並以鋼鐵般違拗的憤怒守衛。

然而小武哥坦率、真誠的「騷擾」持續在激怒我。他愈是無關緊要，我愈是怒不可遏。如果我察覺到心裡有一點點希望他知道我在想什麼，我就會讓自己抓緊拳頭，冷淡、無情地對他說：「你又來做什麼？」

一個陽光刺眼的仲夏午後，我岔腿坐在權充書桌的木櫃旁讀書，小武哥一來就鑽進蚊帳裡躺著同我說話。白晝愈來愈長的夏日裡，傍晚天還大亮著，流動的微風在帳面上捲起漣漪。我像一只坐鐘般冷冷不動，指針停止，眼神空洞。我把真相藏在心裡，讓那些我不想說的話掙開束縛。我愈是明白自己對他的感情不再是孩提時的單純，愈是冷漠地攜帶著傷痕累累的疲憊和適得其反的羞恥，掩上門，拒絕光，然後層層上鎖。

我顯然無法感染到他的快樂，他彷彿有許多話想跟我說，但我打斷他：「你也快聯考了，又不帶書來唸，吵得我看不下書。」

如果他的眼睛能夠穿透我體內的黑暗，他會看見我背上的冷酷其實隱藏著破碎的無助，他會看見我控制著我的愛、我的希望，瘋狂地用生命的全部在渴望著一帳之隔的他，他也會看見我的顫抖，以及殘缺不全的憤怒，其實都只是因為恐懼和寂寞。

「你不喜歡我來找你嗎？」他的每一個字如同針尖般刺痛我，而我在癱瘓的意識中丟出傷人的石頭，「你回去唸書吧，我也要唸書了。」

現在，一切都完了。我的心在深愛他的抽搐中疼痛。

我把「他」──那個渴望愛，渴望被碰觸和擁抱的自己──關進了黑暗、空虛的密室，任由「他」被尖銳的歇斯底里的無知殺死，因為那個時候，恐懼的陰影覆蓋了我的心智，寂寞和妒嫉的欲望蒙蔽了我的眼睛。

這一次，他不再忍耐我的情緒，他掀開蚊帳，下床，仔細端詳我說：「如果你真的不喜歡我來找你，那我以後都不來了。」

「好呀，你**沒事**就不要來，反正快聯考了，你也應該要開始用功讀書。」我低著眼睛說完，心底湧出一股冰冷的悲傷，希望自己的嘴巴即時腐爛。

「好吧，那我以後都不來了。」

我感覺到他整個人都走開了，不在那裡了，坐在那裡的只是一個孤獨的身體，被他說出的話語緊緊纏繞。

「嗯，**沒事**你就別來了。」

我強迫自己面對一場殘酷、血腥的謀殺，由我引導、主謀，受害者兩名。

「我走了。」

他還沒有走。

我以不留形跡的方式點頭，再次重複地強調說：「**沒事**不要來找我。」

「沒事」是否意味著「有事」，「不要來」是否影射它的反面？我以為你深知我卻不讓我懂你，你以為我深知你卻不讓你懂我，然而我們都只看到或聽到，沒有真正的感覺到。為什麼？

他轉身離開之前握了握我的肩，帶著安靜、受傷的表情，以及想在不確定的態度中妥協的語氣說：「我真的走了。」

我站起來，像個突然長大想推翻過去的不成熟的孩子，卻忍著因為悲傷而變模糊的眼睛說：「我送你下去。」

外面是一個明亮、慵懶而漫長的下午，他慢慢從樹影下牽出腳踏車，回頭對我笑了笑，一個有遺憾的沉默的微笑，但是他朗聲說：「好好讀書，我走了。」

我靜靜站在圓形石柱的陰影中，看著他微弓的背脊在陽光中閃動，穿著夾腳拖鞋的王子，波動的襯衫裡躲著一群捉迷藏的風。我忍著不哭的嘴終於鬆動了，我爬上圓形石柱底部的突起，抱著涼涼的柱子，想再看得遠一點，但這只是一個徒然的努力，他終會在視線的盡頭消失。

水泥埕院上浩浩湧至的光，像大水一樣流動，我虛張聲勢的自尊萎靡了，冰冷的身體卻發燙的臉頰，意識陷入混亂的狀態，像一片顫動的枯葉，在抵抗著掉落的命運。

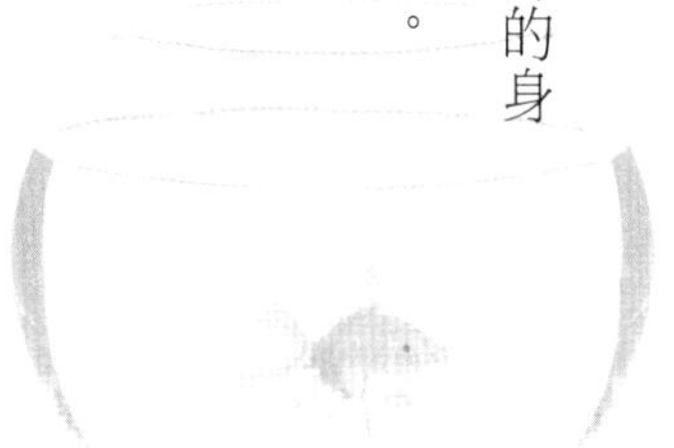

幾個月後，阿母從街上帶回他的消息：阿武到外地唸書了。

我想念他，就像翅膀想念飛翔、鰓思念水。然而是我把他趕走的，並且希望他「沒事不要來找我」——他真的沒事嗎？難道他不能假裝有事？但是我知道這是無用的，我還是一樣會找出任何可能把他趕走的理由，除非……除非我能理解自己到底在堅持什麼？我要什麼？但不幸的是，在那個時候，我沒有能力瞭解，也沒有人能幫助我。

沒有他的日子使我更加寂寞，於是我試圖退入昏暗的深處，把真實的渴望拉到裡面埋葬，把全部的精力都專注在課業上，日復一日挑燈苦讀，贏得一張又一張的獎狀，但是只有我自己知道，它們唯一的意義是：我又再一次戰勝了那個不受歡迎的欲望。

然而，當夜晚全然降臨，一切都安靜下來時，我躺在床上等待睡眠的造訪，臉頰緊靠著僵硬的被褥，想像靠著一個有陽光味道的胸膛，這時他又回來了，回到我的每一個念頭和我緊緊箍抱直到疼痛的身體，以及被回憶吞噬的哭泣裡。

我沒有忘記自己是怎麼對待他的，也沒有忘記我一手造成的悲劇（但願我與現實世界徹底失去接觸，那麼也許會少一點痛苦），愚蠢的自尊和失控的妒意已經在我的生命裡扎了根，在一切被破壞到無法修補的地步之後，又渴想完整地擁有。我已經好久好久沒有被擁抱的感覺了，自從升上國中，小武哥不曾再抱過我一次，雖然我相信我們空出來的臂彎應該以彼此的身體去填滿，但事實卻不是。我試圖因此恨他，但我只會更愛他，儘管當時我沒有清楚覺知到這一點，然而我對他的渴慕從來沒有消失，它以一種神志不清的悲憤姿態占據了我的心。

然後有一天，我突然發現到我沒有留下任何與他有關的具體有形的東西，這個念頭一旦出現，就像一片永無止盡在擴散的漣漪，即將變成吃人的海嘯，或一個飢不擇食的黑洞，吞噬任何與之有關或無關的東西。那個念頭睜著明亮發熱的眼睛，讓我寢食難安，時刻從恐慌的夢魘中驚醒。當渴求不得的痛苦穿透皮膚，如齊聚的蝙蝠飛出洞穴，像一陣遮蔽天空的黑色煙霧時，我突然想起一個人。然後我跳下床，赤著腳，頂著正午毒辣的太陽全力衝刺，彷彿要趕在時間的前面找到她，顏麗雲，小武哥的同學，她手邊有我想要的東西，雖然我不能擁有，但可以暫時擁有。

當我攤開那本薄薄的畢業紀念冊，找到正確的班級時，他就平躺在光滑的頁面上直視我，吃驚的眼睛，好像不相信會在這種情況下看到我。我撫著他的臉、他的身體，聆聽他的笑容，看著他默然漫步過紙張的界限，從我的碰觸中真實的出現。然而，隔在我們中間的不是距離，也不是時間，而是一個被誤解崩裂的深淵。

那時，我清楚感知到時間無情的流逝，就像液化的土壤。

然後，空氣變得更涼爽了，那一晚特別的安靜，滿滿的月亮，滿滿的桂花香，我又站在碎葉滾滾的大樹底下，這是小武哥載我去練拳的地方。我翹首等著，心裡知道他來了，但是他和他的老鐵馬出現在薄黃的月色下是稍後的事。我在記憶中溫習他愉快、溫暖的臉龐，沉靜微笑的眼睛，它們在我的身體裡面興起一個緩慢但強烈擴散的顫抖，我等待著。然後，沒有預警的，我聽見他的聲音說：「阿明，上來，我載你。」

那時，我的身體就像跳開的彈簧，有一個開關被啟動了，全然不能自已的轉身狂奔，雖然我多麼渴望停下來，但是我不能。

我們在混亂的夜色中追逐，他的呼喚在我的胸腔裡迴盪；我想擁抱他，用手指觸摸他的皮膚，但我停不下來，我的腳在帶領我的心智。我跑過月光點燃的夜空，跑過傾斜的沙石路，在草莖、落葉和雨水中移動細瘦的雙腿，一條只有碎玻璃卻沒有足印的隧道，散布著零亂、潮溼的廢棄物，然後我跑進那個閃亮的下午，他敞開的白短衫在跳躍的樹影和活潑的空氣中游動，我聽不見他，但是我知道他說了什麼。我看見他的影子落在我身上，他揉揉我的頭，我哭了。

一個涼涼的夢，有眼淚乾掉的氣味。

我張開眼睛，寒風嗙嗙敲著窗子，時光喀噠溜逝，我吸了吸鼻子坐起來，光著膀子在黑暗裡凍著，蝕去一半的月亮照著屋後晾著的衣褲，長長的黑影，靜靜婆娑。

我心想，十月了。

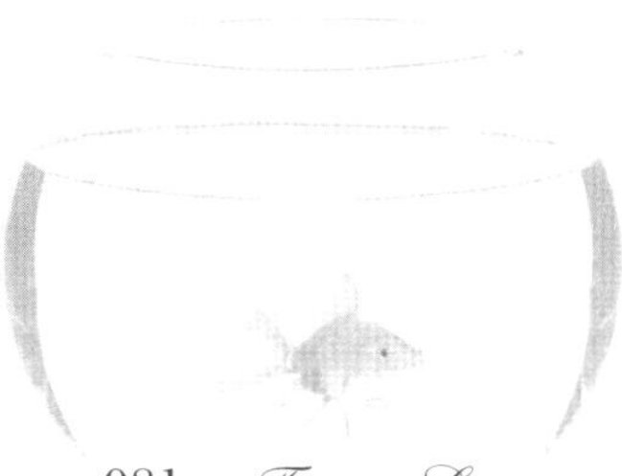

瓦解。

激起黃塵的客運車挾著夕照，灰藍座椅上大多坐著白衫卡其褲的高中生，我夾在搭車的人潮裡擠上車，最後一排還有位置，同學們魚貫搶了上去，我正好填滿面向走道的位置。車上一片吱嚾，一邊向陽的窗子糊著刺目的金光，我安靜坐著，心中默記書裡的知識。

「喂，林家明……」

傍窗的隔壁班同學忽然叫我，同一時間，坐在右前方、一名穿著碎格子襯衫的陌生人循聲回頭，他露出既驚且喜的表情，笑說：「噫，你怎麼會在這裡？」

我認都不用認一眼，就知道他是張振武，我童年的小武哥。

三年了，他幾乎沒有什麼改變，只是蓄長了頭髮，更顯俊秀。

我望著他，彷彿我的眼睛屬於別人，無法正確傳達我的感受和思念，我強迫自己微笑，卻讓事情變得更糟。我僵化的身體和逐漸發燙的臉龐像處在一個無法動彈的窒閉空間，像重新找回自由的鳥卻陷入一種擔心被剝奪現狀的恐懼，但是他不在意，他露出熟悉的笑容，會心地說：「晚上去找你。」

我頷首同意，他也就沒有再回頭。

「他是誰呀？」同學低聲問我。

「呃，從前認識的一位大哥。」我聲音嘶啞，眼睛在他肩膀的弧度上尋找沉寂的熱情，心裡因為極力控制著驚慌的興奮而充滿倦意。我的手腳冰冷，血液沸騰。

車廂裡的窗戶都以耀眼的玫瑰色嘴巴微笑，混合腋窩和金屬酸味的氣息不再令人煩惱，地板滾動的垃圾和椅背上的塗鴉都被一種模糊的渴慕情結包圍，它們刺激著我，從我體內深處湧出一個真正的卻無意識的微笑，一股溫柔以及些許羞赧的愛……

「你在笑什麼？」身邊的同學以困惑又充滿興趣的眼睛看著我。

「沒什麼。」我乜了一眼小武哥，他安靜坐著，但是我可以感覺到我們之間洶湧的沉默，以及那些因為顫抖而出現的裂痕——然而，幾乎同時的，我再次退縮到冷硬的面具後面，把真實的自己摺疊起來，讓恐懼和絕望成為保護我的一股力量，神經質而危險地走在刀鋒的邊緣。

到站以後，我讓他看見我匆促離開，沒有回頭，也沒有流露絲毫和解的企圖。我深深地感覺到自己的貧瘠，並且再也管不住我的任性，管不住那些尖銳的自我輕視——他怎麼可能會喜歡我？我不再是以前的我了，我瘦削、笨拙而不起眼，僅有的一點發育不良的智慧，也在面對他的瞬間融化了。

我忽略顯而易見的事實，選擇一個即將而且永遠會令我懊悔的愚蠢的衝動。孤獨的驕傲使得我不可救藥，我不再是那個天真、容易受真情驅使的孩子，我變成一個被欲望綁縛、操控的傀儡，並且失控地衝向一個狹隘、固執的結局，如同崩潰的懸崖。

整個傍晚我都在焦慮中度過，想像各種可能發生在我們之間的事。我對著鏡子練習，希望在面對他的時候擺出讓他看到我所看到的東西，然而我只看見一個憂傷的面孔在無助地陷入愛與被愛的爭執中嘆息，游移在忍受著傷害他或屈辱我自己的痛苦裡。我感到興奮的暈眩，也感到被撕裂的喜悅，但表面卻布滿了憂愁和冷漠的硬繭。

那一晚，我坐在電視機前，用空洞的眼睛觀看，並在等待的逆流中做著我們的夢，像靜靜滑過水面的船隻，製造出一條神祕的割痕，在月光下被分開、縫合、順流而下，沒有察覺到尾隨在後的不祥陰影。

然後他來了，帶著他一貫的風格、影響力，以及別的一些什麼——某種可以激起熱望或具毀滅徵兆的東西。

他受到全家人的歡迎，除了我，一條隱藏熱望的河流，一個壓抑愛而導向恨的我，一半冰冷一半熱，介於冷漠和渴慕之間，因為感到自己無限的渺小而變得不可思議的強大，充滿危險、絕望和困惑。我傾身盯著螢幕，但是他們的每一句對話都沒有逃過我的耳朵，我試圖控制狂喜的震顫，卻因為內在激動的情感而害怕得發抖；我迫切地渴望他，卻又因為這樣而看到自己驚人的醜陋。我就像是一個突梯可笑而悲慘的小丑。

終於，他有禮的撥開熱情的包圍走向我，挨著我坐下來，一隻手放到我膝上，微笑著說：「你長高了。」

我可以明顯感受到他超越激動的平靜的快樂，彷彿一座靜默的森林。

而我不過是一個被寵壞的孩子，玩著「你愛我？你不愛我？」的遊戲，一個依賴無聊的「反向操作」的傻瓜，試圖激怒他憶起並明確地指出一個已經顯而易見的答案。

我傲慢地挪開身體，讓心底的欲望和他保持距離。

我從來沒有想到我的困惑同時也有可能是他的困惑。他的手懸在半空，眼睛因為失落而變冷，卻顯得深邃而美麗。然後他試圖在一個慢慢破裂的關係中尋找意義，試圖看穿並瞭解那些長在我身上如蜎毛般瑣碎的情緒，他說：「你不高興見到我嗎？」

「沒有。」我站起來，跨過我們之間的殘骸，「我要去唸書了。」

我走進阿爸在樓下客廳和廚房之間為我闢的一間木板隔間，坐在阿爸親手為我做的書桌前面，等待著，為了控制顫抖的雙手而握緊書本，雖然我知道那些工整排列的字句會因為少了他而變得模糊且毫無意義。

就在我來不及收回我的愚蠢之前，我感覺到他來了，就在這個空間裡，他的腳步聲告訴我：他在這裡，和我在一起。

然後他開口了，受到震動的空氣與他的存在糾纏在一起，並且變化成一個廣大、溫暖的憂鬱，他的聲音在背後凝視我，「這麼久了，你都不想我嗎？」

一個潮溼的凝視。

我往後退，我是說內在的那個我往更裡面退縮了一下，因為我對愛的貪婪的欲求，以及渴想擁有他的熱望，誘使恐懼滲入心底，在一個碰觸不到的地方，我捧著跳動的心臟迎向利刃，墜入無邊沉默的黑暗。這跟我的期待多麼不一樣。我動彈不得，陷入一種盲目、執拗的羞憤裡。

「書唸得怎麼樣了？」他伸手搭我的肩膀，一面坐到木板床上看著我說。

「不好。」我的聲音帶著惱怒。

「你不老實喔，我知道你功課一向很好的。」

我的眼睛頑固地盯著書本，深沉的熱望如氫氣般充滿我的身體，使得一個新的爆炸即將發生。我帶著報復性的深情，冷硬地說：「上了高中就不好了……」

「怎麼不好？」他好整以暇地盤腿坐著，以充滿興趣的眼睛望著我。

「很不好！不信你去問我爸媽。」

我斷然拒絕他的關心，回答他的每一個字都帶著挑釁，並感覺到一種莫名施與在我身上的屈辱（一種違背希望的錯覺），在他彷彿得意的注視中湧現，滯留在我們之間。

這是一場將錯就錯的表演，就像一個戴著盔甲的瘋狂小丑，想以矛和盾牌擁抱手無寸鐵的愛人。

由於無法應付我反覆無常的情緒，他漸漸不再說話了，然後突然以超越憤怒的平靜態度站起來，第一次用強烈、冷淡的口吻對我說：「你唸書吧，我不吵你了。」

此刻我才瞭解到，我的心已經牢牢拴在他身上，隨著他離去的腳步支離破碎。

沒有眼淚從我的眼洞裡湧出，卻有一個受到悲傷的擠壓而滿懷痛苦的嘶吼被困在失去知覺的身體，不想活又死不去，就像一個癱瘓、悲憤的戰士，看著逐漸硬化的生命從腳底爬上來，用它恐怖、飢餓的嘴唇，熱切地吮吻他的心。

之後，小武哥再也沒有來過。

只有在夢裡，我一次又一次拒絕坐上他的腳踏車，一次又一次聽見他帶著潮溼的凝視說：「你都不想我嗎？」

我想你，以我的生命想你，沒有比這個事實更真實的答案了。我遏抑愛，遏制眼淚，但是我不想在請你原諒我之前孤獨地活著或死去。我想告訴你，想讓你明白，祈禱並渴望著那個沒有被解釋清楚的瞭解會像一個突然的念頭溜進你的腦海，但是我驕傲的自卑像一群擁擠的黑暗，用它安靜卻熱切的沉默向我圍攏，空氣中布滿絕望和恐懼的寒意，以及一股陰鬱、具誘惑性的操控，使我不知道自己在做什麼。

然後我會在濃密的沉寂中醒來，像一隻被壓制在暴雲之下的鳥（受傷、潮溼、正在永無止境的逃避中流浪），突然發現這是一場夢，而他再也不會回來了。

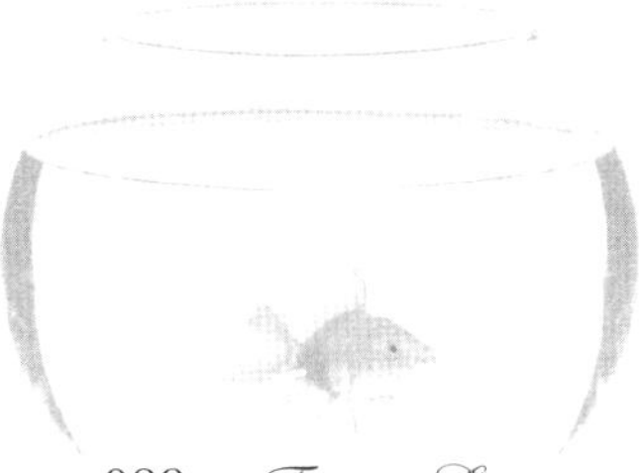

第二部

緣滅。

——埋葬的遺憾

停在記憶裡的東西是不會結束的，
它們也許看似微弱、過分安靜且從不吵鬧，
但是它們不會停止挖掘或探索。

填補。

我把臉貼在潮涼的課桌上，窗外淅瀝的雨聲彷彿是我腦中製造的噪音，就像電視的雜訊。我的意識還停留在將醒未醒的灰色清晨，那時，雨水在厚積的雲層裡等待著，前一晚的熱氣消失成一片陰沉的涼意，幾隻麻雀安靜地穿過灰暗的天空，彷彿在逃離一隻黑色大鳥的追捕。屹立在幽暗中的房子蜷緊了堅硬的腳趾，迎接一道道尾隨閃光的突兀雷聲，天空開始轟隆作響，帶出更亮的枝狀閃電。突然之間，猛烈的雨水如斷續投下的水銀，粗暴地四處飛濺，到後來就像滾動的濃霧。

我機械式地上學，全身濕透走進布滿風聲雨味的昏暗教室，潮溼的空氣如湧動的幽靈，附著在我冰冷顫抖的身體。我的臉貼著桌面，感知到一股麻木的刺痛吸吮著滑溜的皮膚，我的思緒像一群焦切不安的蝙蝠，從暗黑的腦海和胸腔湧出，在靜默、緩慢地吞噬著靈魂的空白之處。

這時，隔壁座位的同學遞過來一件外套，他的手提著外套領口，像拎著一株枯萎的植物，一個失去水份的身體；我順著他的目光望去，聽見他努著嘴說：「江震聰要給你穿的。」

我舉頭看見江震聰意味深長的微笑，他誇張地舞動嘴唇，帶著手勢，形成一些無聲的話語。我接受了他的好意。沉重的溫暖披在我的肩膀上，有他的味道。我想起小武哥，感覺就像被剽竊的記憶。我把臉轉向窗外，知道下一步他會走過來。

「不舒服嗎？」一雙熟悉的大手輕揉著我的肩膀。

我打開書本，搖搖頭。

他安靜地站在我沉默的背後，強壯、沙灘色的手臂肌肉在碰觸的移動中起伏，隔著一層乾燥和一層潮溼的衣服，喚醒躲在裡面深處的一樣東西：一雙帶著遺憾的潮溼的凝視。許久以前，在小武哥離開我的那一天，正確的說，是我趕走他的那一天，我就沒有真正地活著，我的童年隨他而去，就像某個支撐或接繫生命的東西在歲月的奔跑中脫落；我依偎的支柱崩毀了，我獨立站著，裡面有一部分是空的。

現在，江震聰試圖填補這個空洞，儘管他對我的過去一無所知。

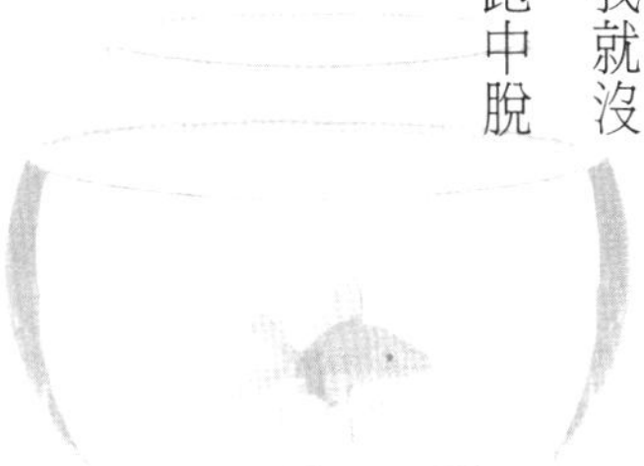

對這個「溺愛」我的籃球校隊隊員，我試著保持一段距離，用一種理性的憂慮看待我們的友誼，希望他能警覺到我心裡有不歡迎他參與的未來，以及別的不值得他關注的過去，而且我決心擺脫不必要的親密關係。然而，他卻像個糾纏不清的推銷員，帶著真摯又無知的熱情，喚醒那些塵封已久的傷心的回憶。他時常把我抓進他懷裡，讓我像個孩子坐在他的腿間，叫我稱呼他大哥，堅持要認我當弟弟，還約我每個禮拜天去圖書館，並承諾帶我去看海。他所做的每件事都讓我不能拒絕，又同時深受不被瞭解的悲哀之苦。

那時，我們幾近形影不離。我被動地接受了他的友誼，就像水流上載浮載沉的落葉。

放假不用上課時，我會搭客運車進市區，江震聰騎單車來接我去圖書館，我仰著臉看頭頂的樹葉流過天空，心裡想著那個吹口哨、騎單車、穿夾腳拖鞋的王子。我們之間的連繫已經消失。一個無法取代他的人卡在一個嘗試妥協的不確定中，一個左右為難的「新歡」。事實上，我逐漸蛻棄了變形、多刺的仙人掌，化身一叢扭曲的藤蔓。在那時候，無法取代的暫時被取代了，一種模稜兩可的關係盤繞在深邃的回憶上，江震聰不只是那個無心的踰越者，他也是我的同學、朋友，以及兄長——侷限在某種失序的分類上，根據傳統男性對男性的操作說明書：禁區以外全然籠統、隨性，沒有一定的規則。

我走過那些看似安全的鋼索，扮演一個選擇走「對」路的浪子，時刻提防著心中被詛咒的狂野念頭。然而，我的恐懼和命運的可悲程度結了婚，生下更多瘋狂扭曲的孩子，牠們在黑暗中等待著，冷靜而充滿耐性地觀看我虛假的應對進退，以及痲木的生活如何讓我感到挫折。生命的腐肉麇集了貪婪的眼睛，就像曠野上的鬣狗。而活著本身變成一種奢侈的殘忍，即便只是呼吸也教人難以忍受。

有時我會突然在鏡子裡發現一個空白、飄浮的表情，堅硬的眼神彷彿一個不自覺的瞎子，正在檢視生命的灰塵。痛苦永遠不受預期，只能逆來順受。

那天，一個黏黏的沒有風的晚上，我躺在空著一半的床上（另一邊是側向我成擁抱姿勢的空洞人形），把一部分的希望投注於對海的信仰。大哥說帶我去看海，明天。我注視幽暗的房間，想像無邊的藍，唯一的界限在天和海之間。我在輕輕的期待中進入睡眠，在夢中，一雙滑動的輪影，兩隻移動的腳，一首歌，涼涼的空氣，撫慰人心的肥皂香，以及黑色大海上的白色泡沫和破碎的月亮。我在醒來之前沒有看見他的臉，但是我感到了我的微笑，因為溫暖的夢境和彷彿可以碰觸的海——雖然我從不曾親眼看見過海洋，但是很奇怪的，它在我心中有一個回憶。

翌日午後，我們搭乘前往嘉義的火車，我靠窗，腦中一直有火車行走的聲音，規律的嘎答、空隆，間歇性的搖晃，光影迭替，以及流變的景色。大哥不相信我沒有坐過火車，也不相信這是我最遠的一次旅行，但是我不需要他的相信，這是屬於我自己的流浪。我好像打開了一扇封閉很久的窗子，從布滿黑色碎屑的泥棕色窗戶裡爬出來，從灰色的水面浮起，深吸一口新鮮的空氣。我吸進了初夏帶著雨味的泥土和陽光下紛然的綠蔭，並且努力用我的眼睛記錄，用我的肺記錄，以及用我的生命記錄這一切。

翅膀張開了，海在前方等著我們。

對一個削瘦、寂寞、功課好但沒有娛樂的蒼白高中生而言，「海」是我從電視、書籍或想像學得的知識，它曾經是一個沉默沒有實體的物質，我只能以回溯夢的方式感覺或碰觸它，但是現在不同了，大海彷彿比陽光下的玻璃倒影更真實。

當我們完成火車的旅行，坐上往朴子的客運車，再從朴子轉車去東石漁港時，迎面撲來一陣從乾燥、散亂的沙塵中隙出的潮溼氣質，透過鹹熱的微風帶來了海的消息，悄悄地棲遲在我的心裡。

我們下車，走在一條被餘暉鋪飾的馬路，每隔一段時間，我們逢人就上前去問：「請問海邊還有多遠？」

那些話像一陣希望的煙霧，消散在逐漸被夜晚吞噬的黃昏。

六點半了，大哥勾著我的肩膀，以一種虛弱卻明白的暗示說：「我們一定要趕上最後一班回朴子的車，如果現在不回頭，就來不及了。」

「不回頭」、「來不及」——這些話怎麼會如此熟悉。

一陣失望的浪潮淹上來，我別無選擇，結局已經注定了：我們必得去趕最後一班離開「夢想」的車。

幾年後，在我獨自走進那片濛藍的大海、讓夢想包圍我時，我忘了是否曾慶幸那年沒有去成海邊，也許有，然而與「拖鞋王子」在一場大霧中的重逢盤據經年，讓我對許

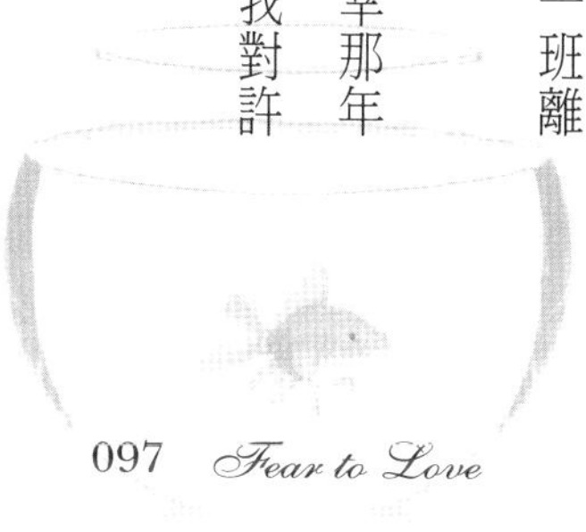

多事情都失去了感覺。

從朴子回來的那晚，當我躺在上層映著微光的幽暗中，聽著大哥在下鋪打鼾時，往事如波浪在我心中上下起伏。我疲倦地清醒著，遠離「夢想」的感覺就像一隻停止歌唱的鳥，無法具體指出自己錯過了什麼，或明確找出變安靜的理由。然而，我終於開始明白了一件事：當我渴望什麼或期待什麼的時候，我總是不懂堅持，反而傾向於抗拒、等待或逃避，也許這就是肇因，我下意識裡不斷把夢想往外推遲的結果。我在和自己的渴望作對，這是否意味著我不夠真心？

我凝視這個陌生的房間，想辨識出黑暗背景之後的它的原來的顏色，但是我只看到那些不斷被思緒製造的故事所包含的混亂和悲愁，以及那個隱藏在我心深處的另一面、戴著面具的騙子，「他」總是把臉轉向別處，以一種魅惑人的、放大的惡意冷笑盡情地嘲弄我。

稍早，剛從「夢想」的邊緣回到大哥家時，他因為給了我一張夢想的地圖，又以某種不得已的方式把它收回而變得比平常溫柔，他圈著我的脖子問：「你很失望吧？」

「失望什麼？」我低著臉，一種熟悉的感覺在我裡面拉扯。

「沒有看到海。」他搓搓我的頭髮，手指滑到耳根輕輕摩挲。

不要再來了，拜託！我聽到自己無聲卻激動的耳語，洩了氣的憤怒停泊在每一根泛白的指節。我希望我有勇氣推開他，告訴他關於拖鞋王子的事，我很可能會這麼做，但是我沒有。我需要一段距離，一個空間，分開放置兩種愛：一種是有時間性的，一種是無時間性的；然而不約而同的是，它們都會離開，以各自的途徑和方式。

於是我說：「沒有關係，下次我們可以早一點出發。」

「嗯，好，我們下次就早一點出發，然後……」他做了一些承諾，我們都知道這是編織夢想之前必須準備的材料。

「那麼──」他確定我沒有比看起來的樣子更難過或生氣，「你累了吧，要不要先洗澡？」

「你先洗吧，我想看一下書。」

大哥站起來關門，拉起向街的窗帘，我聽到他轉動浴室的門把，但是他被懸掛穿衣鏡的那面牆吸引，收回他經過的身體，以一種對男子氣概的著迷，卸除身上的衣服，就像所有耽戀身體形狀和力量的男子一樣，他希望從鏡子裡找出更多男性的表徵：肌肉、成熟的魅力，以及強壯的青春。

我抬起的眼睛正好在他厚重的臀部後面幾步遠，但是他赤裸的身體並沒有激起我任何（好吧，只有很少）的欲望，我轉而以一種奇異的專注進入我手上的書本，就像一個工匠對待他手中的石塊，然而這顆石塊不知怎麼的卻流失了部分的光采。我聽到水聲，它打擾了我的閱讀，浴室的門只關上一半，我看到牆上的穿衣鏡羅映出的景物——沐浴的身體在水氣和泡沫的擁抱中暫時經過，又回到我的眼睛。然後，他的眼神忽然從鏡中反射，我怔了怔，低下頭。事實上，我完全不瞭解那個幽微的注視，而且不確定也不在乎他發現了什麼——現在回想起來，如果我能夠把記憶吞噬的某個部分吐出來，我會毫不猶豫選擇這一個，我不想要的這一個。

我假裝沒有看見他被鎖在鏡中翻湧的靜默裡。我試著不用眼睛，而用耳朵注視他的動靜，我警覺著，彷彿只要一個在空氣中輕微擴散的漣漪，就能夠粉碎我頑固的外殼。

經過漫長的兩頁、無法專注的閱讀之後，他像一口移動的鐘慢慢走向我，一種無聲的震撼在我體內深處顫抖。

「家明，」他只穿一條格紋四角內褲，顏色深淺不一的皮膚，強壯的臂肌為了擦乾頭髮而起伏，「幫我塗痱子粉。」他說，一面轉向床邊的櫃子拿出一盒痱子粉，轉身讓我在他背上撲飾一層迷霧。

「又不是小baby塗什麼痱子粉。」我調侃他。

「因為我很容易流汗啊——這樣會很奇怪嗎？我習慣了，沒有塗痱子粉睡不著。」然後他又說，「你要不要也撲一點？我幫你。」

「呃，不要，我不習慣。」

我完成工作，他變成半個白人。這時，我突然把痱子粉撲到他臉上，我不知道為什麼這麼做，但他看起來就像一個滑稽的小丑，並且被我的舉止懾呆了。我指著他大笑，他跳起來反擊，我們激動地笑著搶奪痱子粉，直到我們的頭髮、身體、房間各處都留下白色痕跡。我們掉進笑聲的漩渦，不知節制地角力，到最後我們已經不是在搶奪見底的痱子粉盒，而是在分享一個親密的友誼，雖然我們不知道可以親密到哪裡。

之後，我躺在上層幽暗的床上，不能自已的跌入陰鬱的思索裡，這種迫人的寂寞是我所熟悉的，但卻不能習慣它們擠成一個聆聽的圓圈，用力瞪著我的樣子，彷彿一群圍著我的期待，而我是沒有什麼可以被期待的，這令我感到極欲逃離的恐慌，又害怕被遺棄。

我感到可悲，巨大的哀傷如同一條漆黑的走廊，而我在裡面好像永遠走不完。

黑暗中，我凝視生命的河面，想著我的渴望是多麼的遙遠，附生在另一個人的身邊。我又想，如果我能夠知道如何拒絕或堅持，命運是否會給我另一把轉動幸福的正確的鑰匙。我不知道，因為對欲望的無能為力，也因為脫離「救贖」的遙遠無期，所以沉默，我只能沉默。而那種沒有痛感的安慰其實對我來說只會是折磨，我甚至不再害怕寂寞，因為劊子手的寂寞令我覺得羞恥，我應該是絕對冷酷的。然而實際上，我卻好像只能不停的讓步，讓危險的欲望穿門奪戶地湧進來，而我自制的行為卻使得這一切如同沒有品味的冒險，食之無味。

我知道我在自欺欺人，但我卻寧願這樣。每次謊言總是可以行得通，但活在一片懷疑之中是痛苦的，那種悲哀像空氣一樣清楚——看不見，但無所不在——如果那時我有祈禱的話，我的願望一定是**消失**；在這殘破、冰冷的世界裡，請讓我咎由自取，無畏褒貶地一走了之。要是我膽敢嘗試的話，可能也不會有幫助。一走了之，簡單留下一條勇敢的背影，只會是短暫的解脫，像幻覺一樣，終會在真實的自己面前破功；不管走到哪裡，不得不面對的永遠不會是別人。

失控。

我那時完全沒有注意到，如果有什麼可以改變我和江震聰之間的關係——如兄弟般的好友關係——那一定會是一個跟「正常」友誼完全無關的東西。我們建立友誼的基礎就像搖晃的船隻想靜止在同一處水面，卻沒有考慮到水流的不安定性，也沒有任何可以提供錨定或牽掣的工具。我們還沒有適當的機會去抱怨彼此，或為一個顯而易見的選擇編造偏離真相的故事而爭執。我們是同學、朋友、兄弟，而且還沒有必要對自己或彼此殘忍。但並不表示這些都不會發生。實際上，只有已發生和未發生的事，沒有不可能的事。

我想，那個階段的他是在尋找一個光的替代品，而陰影總是跟著光的，他以為能循著陰影找到他要的東西。有一天，當他遇見光的時候，他會暫時睜不開眼睛，但他隨即會明白，他找到了，陰影也就不再重要了。

那時，我們一起讀書，一起面對成長的困惑，但我不認為僅僅這樣我們就可以是最好的朋友，然而他又確實是我在那個階段中最好的朋友，至少是最親密的，這對我來說無異是一個謎——或許我心裡已經有了答案，只是還沒有揭顯它的勇氣——老實說，我一向覺得他是個無趣的人，雖然很有可能是因為我缺乏幽默感。我們是一對沒有血緣關係的異姓兄弟，外型南轅北轍，步伐不一致，完全兩樣的心跳頻率，天知道我們之間看似親密卻隔著光年的距離。

許多年以後我才恍然大悟，原來這不是一個謎，我也不是沒有勇氣揭顯謎底，而是，我跟他一樣在尋找一個替代品，並且沒有發現自己在「假裝」，假裝我很好，假裝忘記了，假裝不知道——是的，是假裝，不是謎，也不是沒有勇氣。而唯一值得我在他身上浪費的，是對過往某一個人、某一段往事的溫習。

他是另一個人的影子（巨大而溫柔的影子），也是暫時強迫我樂觀活著，容許我在被悔恨吞噬的同時，還能麻木地找到一種冷漠的存在感。

我們不曾試圖再去看海，也不再談論海，彷彿這是一個祕密達成共識的默契。

遺忘是好的，忽略也是好的，我總是避免去碰觸內心的渴求，那是一片深藍的、被時空凝固的寂靜，就像遙不可即的大海。

那次夭折的旅行過後不久，我們捨棄海去了山，在一個連續兩天的假期受邀去一個被山水包圍的地方，梅山；邀請者是我們共同的朋友吳政翰，他有一雙憂鬱的眼睛，薄小的嘴唇，笑起來有細碎的酒渦，喜歡伏在我的肩上，把臉貼著我的後頸，緩慢、潮溼的呼吸，像一個剛被懲罰過的小孩，需要溫柔的安撫。

白天吳政翰帶我們去梅山大峽谷和瑞峰風景區，晚上吃過飯就窩在他房裡打撲克，輸的人被彈耳朵。大哥一面玩一面大說情色笑話，吳政翰笑得東倒西歪，老是分心輸牌，兩隻耳朵像紅油抄手。

「不玩了，」吳政翰說，「江震聰耍詐，害我輸。」

他丟了撲克牌，雙手摀著耳朵，眼睛更憂鬱了。

「說什麼屁話，我哪裡耍詐了？」江震聰笑說。

「你講黃色笑話，害我打錯牌。」

「我哪裡講什麼笑話？是你自己思想邪惡。」江震聰曖昧地挑起眉毛，笑說。

「喂，你很霸道吔！強姦我的思想，還說我思想邪惡。」

「強姦你的思想？我看我直接強姦你比較快——」

吳政翰呼救著跳起來，但是已經被江震聰攔腰抱住，兩人扭在一塊。

「家明幫我！」吳政翰大叫。

突然間，一種如電流般的聯想觸動了我的記憶，從過去傳來的回聲彷彿無處不在，穿透所有的東西，瘋狂地撕裂或掙脫了什麼，在我裡面，某個關鍵性的部分轉眼摧枯拉朽地崩毀了。那是一種新的疼痛，建築在舊的傷痕上面。

接下來，我被捲入那團激昂的混亂中，但情勢在我加入後隨即急轉直下，因為大哥突然臨時起意：「吳政翰，我們一起把林家明姦了。」他們轉移目標，作勢要侵犯我；然而很奇怪的，吳政翰的每一次進攻都有意無意在牽制大哥，我隱約識破他想幫我又想碰觸我的意圖，感覺他的嘴唇貼在我的耳後，還有他急遽呼吸時起伏的胸膛和肚子。他喘著粗氣，每一口都是熱的，交錯在我腿間的下半身變得堅硬、發燙、充滿欲望。最後大哥贏了，他像一頭獅子壓著兩隻獵物，又像一頭笨重、發情的公牛。

這時，我感覺到夜氣掀起窗帘流進房間，誇張娛樂之後的虛弱讓四周變得更安靜了，我們慢慢分開，躺著聽屋外的蟲聲，疲倦地沉默著。然後我聽到大哥的鼾聲，他睡著了，一隻腳還擱在我腿上，我輕輕抽離我的身體，這讓我不得不靠向吳政翰，而他也正好翻過身來貼在我的胸口，像一個需要被擁抱和慰藉的孩子。他抬起的臉在我頰邊輕柔地呼吸，像隻小動物在玻璃上呵氣，模糊的欲望在模糊地升起。然而，疲倦朦朧了我的雙眼，我睏倦得隨時可以睡著，在半夢半醒的迷離間隙，我像吸食幻覺似的，感到吳政翰的嘴唇像塊雪綿糕，軟軟地融化在我做著夢的嘴裡。

梅山回來以後，一切如常，我還是趕清晨最早的首班公車上學，週日和大哥約在學校溫書。偶爾吳政翰沒回梅山就跟我們混在一起，他住校舍，我常和他約在課後一起研書，這時大哥總在校隊練球，不過他已經決定下學期要退出球隊。

後來我搬去大哥家暫住，也是在下學期開始不久後的事。

那時，每天清晨的首班公車突然從原定的六點半改成六點四十五，一向不愁沒有空位的初班車頓時暴滿，司機經常過站不停，因為再也擠不上了。接下來第二班七點的公車如果還是客滿（很少不客滿），下一班七點十分鐵定遲到。因為這個緣故，我幾乎天天遲到。

大哥看我每天早上匆匆忙忙、垂頭喪氣來上學，忍不住對我說：「你這樣天天遲到也不是辦法，不如搬來我家住吧。」

「可以嗎？」

「當然可以啊，我爸媽超喜歡你的，他們一定很高興你搬來跟我住。」

「呃，這樣好像不太好吧。」我還在考慮，但也無計可施。

「有什麼不好？我自從跟你一起唸書，功課進步很多，我媽那天還說，那個林家明好乖好有禮貌，功課又好，可惜不住在我們家隔壁……」

「這是你自己編的吧。」我笑說。

「不信你去問我媽，她還說啊……」

「好啦好啦，別說了，我知道了。」

就這樣，我搬去了大哥家，和他同房睡覺，同桌吃飯，一起上下學，一起唸書，也一起做我們那個年紀欲做的夢，以及欲想的事。

那一個學期，我們三人如同一個三角形的邊，每一邊的起點和終點都接連著另外兩邊的終點和起點，我們像好朋友那樣分享好朋友通常會分享的一切，我們研書、打球、騎單車遊蕩，沿著鐵道打賭火車經過的時間，說好了輸的人請吃冰，但我們往往等不及火車來就先去吃冰了。在這個充滿陽光、昏睡和濕粘汗味的日子裡，恕熱的空氣閃閃發光，蟬聲一陣高一陣低，挾著太陽的威力壓下來，把我們壓得好小，忽然蟬聲又遠了，把天空撐得高亮起來。

到了晚上，每件事物都附著著白天吸收的熱氣，大哥選擇載我去文化中心唸書，因為那裡有冷氣。我們相信在周密的升學計畫中唯一的障礙就是怠惰，稍有一步差池或遲疑了鞭策，就很難再把成績拉上去。大哥和我還算積極，但吳政翰就不同了，高二下學期開始，他漸漸疏遠我們，和另一票師長眼中的「壞學生」混在一起。我們三個最後一次聚到一起說話，還是在我生日那天，他寫了張卡片送來給我。倒是大哥忘記了，搭訕著笑混過去，可還是語帶妒意地說：「你怎麼只記得林家明的生日，那我呢？」

「你哪時生日？又沒告訴我。」吳政翰一面說，一面壓住我拆卡片的手，「回家再看。」

「要什麼神祕啊，回家我還不是看得到。」大哥酸溜溜地說。

「那你就回家再看啊！」

「有差嗎？」

吳政翰不理他，抓著我的肩膀，問道：「最近好不好？」

「你不在當然好……」大哥笑說，「怎麼好久沒來找我們一起唸書，在忙什麼？」

吳政翰聳了聳肩，說：「也沒什麼，就是玩，哪像你們那麼有目標，一天到晚書堆裡來書堆裡去的，多無聊。」

我一手捏著卡片，一手摟著吳政翰的腰，他就勢坐了下來，跟我擠一張椅子，我看著他的眼睛，忍不住說了他一句，「你真的打算這麼下去？」

吳政翰皺了皺眉，下巴擱在我肩膀上，似笑非笑地瞅著我說：「傻孩子，不這麼下去要怎麼下去？路不只有一條，我們真的有必要走同一條嗎？」

我無話可說，摟著他的腰的掌心都是汗。

吳政翰坐了一會兒就走了。他早知道三個人一條路走不遠嗎？我不禁有點難過。他前腳剛走，大哥就興致勃勃湊過來說：「快打開卡片看他裡面寫什麼？」

我突然覺得有點反感，很不樂意，卻還是慢慢展開了卡片，上面工工整整寫了句「生日快樂」，下面簽了個「吳」樣的小人，頂著一張圓圓的鬼臉，PS底下一行小字：「江震聽不要偷看。」此外什麼都沒有了。我看著心裡升起一陣暖暖的失落，並且好像有個嘆息著站起來走開的東西在牽扯我。

在那以後的日子裡，我以沉靜和近乎悲傷的專注態度扮演我的角色，即使強吞死記了一肚子我以為派不上用場的知識，也必須假裝這一切都是意義超凡的。

總之，我們重視我們想忽略的，卻忽略了我們最想重視的，但真正被我們忽略的是，有些事情不是忽略得了的。

後來，事情就這麼失控了。

禮拜天下午我習慣午睡半個小時再起來唸書，那天我吃完中飯就睡下了，天熱，我們又在頂樓，電風扇也無濟於事。我昏昏沉沉，沒有真的睡著，意識是半透明的。接下來，我恍惚聽見大哥走出去又踅回來的聲音，感覺他的影子落在我身上。突然，他伸手在我的大腿內側輕輕刺探，我不知道他想做什麼，所以沒敢動。他好像在確定什麼，然後縮手走開，窸窸窣窣拿了什麼東西爬到上鋪。我很好奇，可又不敢張開眼睛，直到我感覺鐵床在嘎吱震盪，這才悄悄坐起身來，小心翼翼伸長脖子往上鋪偷偷窺覷——他正側背著我，一隻手在胯間上下移動，另一隻手顯然在翻書，唰唰換頁的聲音特別刺耳。我屏著氣息輕輕躺下，並且清楚聽見脈搏跳動的聲音；我緊閉著嘴巴，好像只要一張開，心臟就會從喉嚨裡蹦出來。

在一段窒息般空白的時間之後，床「格格」顫了兩下，停了。我驚慌失措地閉上眼睛，兩隻手不確定該擺在肚子上還是放到兩側。大哥小心溜下床，又在我大腿內側刺探性地摸了一摸，然後啪一聲把什麼東西丟進字紙簍，躡手躡腳出去了。我等了半晌才翻身下床，偷偷摸摸走到字紙簍旁，看著躺在紙屑上的一團衛生紙，彷彿包了一層鼻濞似的粘稠物。

我隱約知道但又不很確定那是什麼，因為我只曾在夢中分泌過它，卻不知道也可以在白天、以我不熟悉的方式端詳它的催生過程。在我學習成為一個男人之前，我的身體已經悄悄超前。心智遲緩於肉體的結果，就變成一種愚昧，好像苦悶掙扎的天真。

之後，我根本不知道自己為什麼會把那團濞狀的衛生紙撿起來，攤開，甚至聞它的味道。我幾乎是無意識地在進行這個古怪的冒險。

這是精液嗎？沒有可能不是，但它跟我在夢裡分泌的是同一種東西嗎？

當時我強烈感到自己的無知，甚至湧出奇怪的渴望，想嘗試以別的方式「催生」它，想知道那是什麼滋味，應該從何下手。

在聽見腳步聲之前，我把那團不屬於我的東西丟掉，內心升起一陣寒意，由於那個屬於我卻還沒有開始的東西可能會從此被埋葬的恐懼，然而我的下體卻因此而熱心地勃起。在來不及思考的瞬間，我謹慎而利落地躺回床上，合起眼睛，好讓走進房間的大哥看到「熟睡」的我沒有醒過來的痕跡。他帶著一種釋放過的慵懶情緒坐在桌前甩筆，心不在焉地翻動書頁，弄出聲音。我很快就讓他發現我「自然」轉醒，然後他回頭笑說：「還不起來唸書，都幾點了，明天要復習考吔。」

「我起不來。」

「起不來？為什麼？」

說著他走過來拉我的手，「怎麼了？」

我沒說話，一隻手指了指胯下，臉上熱乎乎的冒著汗。大哥瞄了一眼，伸出食指來戳，「哇，好硬，怎麼那麼硬？」

我喘不過氣來只好用嘴巴幫助呼吸，臉上繃著一個難堪的微笑。

「把它打出來啊！」大哥以長者的智慧說。

「怎麼打？」我感到發燙的身體在顫抖。

「你沒打過？」在他驚愕的笑容底下隱藏著一絲無害的邪惡。

他訝異的程度讓我覺得自己彷彿是這個世界上最後一個發現此奧祕的雄性動物。

我的表情比搖頭承認更窘迫，那些由下體分岔而上的血液衝進我脖子的血管，發出炎熱的嗡嗡聲，沸騰了臉頰且淹沒了耳朵。

「來，我教你。」他好像突然有了這個念頭，不經思考便放縱它從舌尖溜出；他的樣子彷彿要教我解一道三角函數或幾何證明題，雖然讀書這方面都是我幫他的時候居多，可是大哥就是大哥，他一定有比年紀更實用的東西可以教我。

我遵照他的指示褪下褲子，笨拙地進行一場手掌與生殖器的交媾儀式。這開啟了關於精液和身體覺觸的知識，然而我知道（並試圖忽視），有人會以嚴厲或充滿敵意的心態控訴，並且非難這褻瀆而墮落性的一刻，一種只能做不能說的道德。那時，我無暇思考一場打不贏，或曾經打贏，然後又輸去的戰爭：一場本能對抗傳統道德的戰爭。我想方設法放鬆，專注在我的第一個象徵成長的儀式之中，就好像初次走進叢林的獵人，不由自主地產生一種向自然力量投誠的敬畏。然而，即將引領我走出躁動、進入平靜的，卻也是同一種東西，那就是此際按捺不住的強烈欲望。

大哥在一旁「老練」地看著，一抹不耐的、躍躍欲試的神情寫在他臉上，好像我搞不定一個電器開關，而他已經忍不住要插手干預了。就在我笨拙地取悅自己的途中，他突然伸出他的大手，取代我慢吞吞的拙劣技術。

「想出來的時候要說，不要噴得我滿臉都是。」

他的叮嚀讓我感到緊張，彷彿我是一瓶被激烈搖晃過的汽水。

我想閉上眼睛，但卻無法不盯著那個陌生而誘人的移動，我貪婪地記住這一刻，嘗試吞嚥口水滋潤乾燥的喉嚨，並且過分小心翼翼地體驗那變得愈來愈快的移動，直到一陣泡沫狀的高潮在我體內上下起伏，遽迫地竄進腦門，在我完全來不及出聲警告的剎那，一道道歡快的熱流便如火屑般斷續噴出，淫粘的蛋白色精液用力撒向差一點蹦退不及的大哥。

「夭壽，你是把十七年來的存貨都倒出來了嘎？哇靠，這麼多。」他瞪著地上那攤乳色的戰果，嘖嘖稱奇。

此後，一切都在看似不變的外皮之下改變了。

出走。

天空中充滿無雲的夜，沒有星星，模糊的卵石色月亮坐在它泛黃的光暈中對抗黑暗。我們剛從文化中心出來，時間是晚上九點半，我坐在大哥後面，注視著他踩腳踏車鐙時踝部的形狀（不是那個特別凸出如半顆核桃的踝骨），寬大的背部和肩膀，肘和手臂形成的角度，以及他微微後仰的頭顱。速度帶起的微風流過他的襯衫，也流過我的皮膚，熟悉的匡啷聲、夾腳拖鞋、住在我腦中的祕密、以及停止不了的奔跑和叫喚，都在這個流動裡被憶起。那個不斷回來的夢，你的手的溫度和我的頭髮，你說：「我知道的，沒有關係。」

我眼底有淚水滑過的痕跡，而那好像是別人的憂愁和悲痛，離我很遠、很遠，但仍然有一個巨大的陰影在溫柔地握著命運，握著記憶，握著以前或以後的遭遇——在時空的這端，我暫時看不見整個故事的那端，然而在非線性的全觀角度下，小武哥的命運從來沒有跟我的脫離，我們就像共享一條臍帶的雙胞胎，背對背，沒有看見我們的生命其實連在一起，即使其中一方必須先走一步。此刻，我感覺到的是一個沒有他的切面，使得我萬念俱灰，就像流離失所。

於是，我假裝沒有他在的日子就不會有其他的人生，假裝我在演出一個跟我的真實內在沒有任何關聯的戲劇，好像只有這樣，我才不會真的失去他。別讓我失去他。

郎騎竹馬來……顧同塵與灰。

我靜靜咀嚼那咄咄逼人的痛苦，突然覺得自己什麼都不是。

不久之後，在空闊的幽暗中露出了「家」的輪廓，它有雙層的堅固鋼條和金屬大門，大哥把鑰匙插入鎖孔，喀啦喀啦轉了兩圈半，裡面有一盞留守的小燈，一扇鬆動的紗門，以及一桌子宵夜等著我們。一種強壯、健康的飢餓藉由貪婪的大吃大喝得到滿足，在我們爬進深邃、粗糙、有汗水味的睡眠之前，我們會並躺在床上聊天，這時，大哥的腳趾會不安分地追逐一條在逃避中膨脹變大的運動短褲，一連串脆弱的掙扎使得我們的另一種「飢餓」像兩隻不受駕馭的野生動物。到最後，與腳趾頭捉迷藏顯然太孩子氣了，不能滿足血氣方剛的性欲，但不管我們怎麼做，總是能夠在「犯規」之前點到為止。我們相信，這只是男孩之間略帶惡意的玩笑，與那些變相的不適當情感完全無關。

每一次他洗完澡，光著身體，晃動兩腿間綴軟的陰莖走向我、伸手遞過來痱子粉盒時，我會以不帶情感的目光掃視他（或它），預期我們會花十幾分鐘躺著聊天，然後，那些光滑紙面上姿態撩人的裸女會在熄燈之前喚起高潮——他的高潮；而他永遠不會知道，引領我到達高潮的東西從來就不是她們。

除此之外，我們最刺激的冒險就只隔著一條薄薄的被單，大哥提議我們的嘴唇可以在這種諷刺的距離內做安全的碰觸。一個以恐懼和虛偽做屏障的接吻，一種看似無害的心理安慰，很真實，危險性低，而且不致於造成道德上的災難。

有一次，我在遊戲進行中突然扯掉那層薄弱的道德煙霧，就像惡作劇。我當然沒有想過要真正碰觸他的嘴唇，我覺得我可能只是想報復，好像我必須做點什麼來發洩內心的抑鬱，表達我對那種虛偽道德的厭惡和鄙視。

不出預期的，我看到大哥愕然退縮時驚懼的眼神，在恐慌的瞬間轉成紅色的憤怒，帶著毒刺的話語從沒有思想逗留的暴躁的舌頭衝出。

「變態！」他驚怒地說。

而我卻高興地望著他大笑，一面露出惡意的、幸災樂禍的表情，一面感到縷縷從記憶裂縫溜進來的傷痛，如洶湧的暗流般，頃刻淹沒了我——再次地，一次又一次地，我被那些微不足道的細節擊倒，好像只為了揭發自己的假面，證明我是多麼思念那個我必須適應他已經不可能再回來的人。

然而，我的犯規並沒有促使大哥終止這項遊戲，因為他明白，那只是一個單方面的違紀事件。這「互惠」的關係或許有它一定的風險，但也可以很安全，只要不去踩到那條雙方都默認它確實存在的警線，任何需要的形式就會在合理化的自欺中遠離矛盾。然而最誇張的還不是這個，我無法以一個還在摸索中長大的邏輯解釋這個，所以我帶著一種敬畏（或敬而遠之）的態度觀望著，看他被無知的信仰牽著走，堅持手淫的時間必須以預設的鬧鐘定奪。

三分鐘。

三分鐘是他深賴不疑的極限，一種格式化的性欲。

為什麼？為什麼三分鐘一到就要射精？

「因為這樣才正常，聽說超過了就不好。」

「聽說？」我險些失笑，「到底是怎樣不好？」

「就是不好啊！我也不太清楚，好像是對身體不好吧。」

他埋怨我頑固不守紀律，嫉妒我不受限於未知的恐懼。對這個不確定的迷信他忠誠地遵行不逾，令人匪夷所思。

在這短短的三分鐘裡，他的身體像磁石般吸引我如鐵的注視。當移動得愈來愈快的手指，出汗的額頭，以及扭曲皺縮的臉孔在達陣的瞬間抽搐又放鬆的時候，他的臉會像一個滿足的嬰兒，彷彿戴著日本能劇的面具——多年以後，當我在無意中想起這「三分鐘」的演出的時候，苦澀的微笑就會湧上來，就像聽完一個悲哀的笑話。然後我會感到驚訝，像這種乾萎已久的回憶應該早就被生命中的瑣事埋葬了，而我竟然還記得；我會笑著搖頭詛咒，像抖掉灰塵那樣抖掉它。

那個年紀的我們可以平凡也可以驚世駭俗，然而，在時間的流逝處，我們也許真的攔住了一些什麼，或嘗到了一點純粹無知的快樂。

當所有激動的事情都結束了以後，在無聲的靜夜裡，我默默躺著，凝視黑暗，在這種深不見底的流速裡，時間彷彿是永恆的，一個心滿意足的陷阱溫柔地吞噬我，並且為我準備好了一個結局。我等待著，翻閱我的記憶，像牙科候診室裡的病患，警覺而安靜地翻閱雜誌。

「停下來好嗎？」我在心裡對自己說。

我知道我停不下來，並且會永遠記得，但我曾經以為沉默就等於結束了，而結束意味著遺忘。然而，停在記憶裡的東西是不會結束的，它們也許看似微弱、過分安靜且從不吵鬧，但是它們不會停止挖掘或探索，它們像植物的根，悄悄進行吸食生命的計謀，直到侵占了每一個部分，無聲息地糾纏著我們的夢想、喜悅和煩愁。

我感覺我的命運彷彿可以預測，就像一個尋常日子的開始和結束，索然無味又想不透。我總是在黑暗中凝視，在昏昏欲睡的無聊中凝視，妄想著有一天困惑我的性欲會在成長的顛峰上破碎、解構，我會娶妻生子，過完平凡被祝福的一生。這時，我覺得我好像可以等到那個多數人不會走岔的人生。

然而很不幸的（但我知道那是我的運氣），我不會娶妻生子，看來也不會有任何平凡的人生願意讓我無條件加入。我注定跟年華老去的美麗謊言攜手走進墳墓，孤獨，諷刺，帶著充滿「缺陷智慧」的人生歷史。到最後，等待不再具有任何意義，它只是覺醒的過程，暗喻著一場流動的饗宴，永遠不會不結束。

當然，某個段落的結束是必然的，它隱含了突然的時間性，不會清楚地來或毫無徵兆地出現，它會投下暗影，給你一個氣味、一股氛圍，或一件容易被忽略的提示。

我們的「友誼」即將消逝，這是無法改變的。

結束的開始是一個女孩子，她蠶食了江震聰睡眠以外的全部時間（假設他的夢裡沒有她，但絕對不可能）。因為她，我們之間的互動有了微妙的轉變，我的重要性從學伴和「玩伴」到寫情書的槍手和追求者的唯一幕僚，我對這種充滿關注的柔情保持著冷淡、有禮的距離，因此記憶很模糊，像潮溼的信紙被折起來放在那裡，等到乾了一段時間以後，會變成一種白堊狀的物質，你不能打開它，就像對付一具酥脆的屍體，什麼都不能做，除了焚燒、埋葬或丟棄。但是它躺過的痕跡會留在原地。

天知道我多麼希望他們能快點在一起，我受夠了江震聰陰晴不定的情緒，他像一顆不定時炸彈，任意散置的地雷如意念般出現在我們周圍。充滿挫折的憤怒隱含了他不熟悉的恐懼、羞恥和懊悔，雖然他已經主動中止跟我分享那個愚蠢的「三分鐘」，中止我們曾經默許的「無害的遊戲」，但我顯然是他最親密的威脅，從覺悟中復原的唯一障礙，背負著意味毀滅的祕密。

實際上，他的憤怒源自於內在的恐懼，傲慢只是軟弱的保護色；他愈是努力退縮就愈逃避不了，所以攻擊我變成合理的恐慌，好讓他遠離那些羞恥和難堪的渴望。他瘋狂地挑起爭端，試圖擺脫我、撇清關係，出於本能的沉湎於憎惡的情緒和反覆無常，以便隱藏那個因為迷惑而受到驚嚇的性向。

然後，它來了，激烈的惡夢從這時候開始接手，也即將在這裡結束，他死鎖著他的房門不讓我進去，我被罰站在睡眠和夜晚之間、震驚和失望之間，以及諷笑和眼淚之間；我含蓄、克制而有尊嚴地敲了兩次門，兩次，短短兩次，不多也不少。然而，他像一隻突然發了狂、被鐵鍊拴住的惡犬，對著一扇靜默的木門大叫：「你他媽的敲什麼敲，滾一邊去別來煩我……」

那天晚上他不夠幸運，當我為了控制受屈辱的顫抖而轉身，忽然看見江爸爸站在後面，我的驚訝就像鋼琴缺了琴鍵、吉他斷了弦。

我的心往下沉，緊張，尷尬，一抹挖苦人的悲傷從無助的黑暗中悄悄浮現。

憤怒使得江爸爸臉色鐵青，彷彿受到冒犯的人是他，而公然毀掉一個父親的威嚴的人竟然是他自己的兒子，一個平時表現得體、不曾逸出常軌的兒子。他惱怒但還不至於失控地上前，咬緊牙關的房門「第三次」被敲響，門內「磅啷」一聲巨響，江震聽推倒椅子，像一隻衝向目標的野獸，蠻橫地咆哮，內容尖刻但語無倫次。他還不知道外面等著他的是誰，也不可能瞭解躲在憤怒背後的友誼，已經被破壞到無法修補的地步。

江爸爸不能忍受「這樣的」侮辱：侮辱他的客人就等同侮辱他的名譽，否定他苦心的教養。他的臉孔因為克制不住的憤怒而變形，固執閉鎖的房門在他的拳頭下受到裂破性的威脅，「開門！」他的怒吼蓋過兒子氣憤的咆哮，「你這是什麼態度……」

在驟然戛止的短暫死寂之後，喀答，房門鬆動了，帶著一股畏縮的慚愧。

那天晚上，隔在我們之間的不再是一扇門，而是充滿敵對氛圍的冷漠。

之後的幾天，江震聰的態度轉變成收斂性的惡劣，一種海綿外觀的實質矛鎚，追擊著我的每個脆弱的抵抗——包含我無處可去的眼神、安靜移動的身體、小心翼翼的呼吸，以及焦慮的心跳——我的存在已經對他構成威脅，彷如被陰魂不散的寒意包圍。他以為我是那個無恥的告密者。他不相信沒有人告密。惱羞成怒使他崩潰地擴大攻擊的範圍，並以驚人的恨意編造故事、歪曲事實。

當然，我不會再容忍他的那些羞憤的傲慢，我有我的計畫。每天，我把幾樣私人物件裝進書包，一點一點帶走，悄悄搬回家。幸好我的東西不多。就在一週後的星期天午後，我帶走最後幾本書、一個小行李袋，並把事先寫好的一封信和身上僅餘的五佰多塊放在書桌上——我不知道應該付多少房租，再多我也負擔不起，只好把剩下的這點餘錢權作水電費（也許還不夠）。然後，我揹起書包、提了行李袋走出房間，下樓，在走到街上呼吸自由空氣之前，帶著我受傷的尊嚴，和剛好一步兩階走上來的江震聰錯肩而過（一上，一下，身體僵硬，對彼此不感興趣）；他沒有抬頭看我，也沒有把臉轉開，就像一隻目不旁視的駱駝。

然而，就在一陣彷彿失去而其實是解脫的空虛襲上心頭之際，他忽然奔下樓來叫住我，以一種不確定是否應該妥協的惶惑口吻問說：「你為什麼帶著那包行李？」

這時，我突然湧起一股寂寞的勝利，平靜而寬容地說：「我要搬回家了，再見。」

然後我轉身走出了這個尋求替代品的瘋狂世界，邁開腳步，注視遠方，在愈堅定愈輕盈的步伐中，一個破碎的微笑從我的眼裡升起，沒有陰影；雖然發生在我身上的事還會再糾纏我一段時間，但我已走向通往尋找自己的新旅程上，我看著那條路，眼前是明亮、乾淨的晴天。

錯過。

在窗帘裡面，幽暗而陰涼的房間，充盈著一股空洞的寂靜，一線飄浮灰塵的陽光從裂縫中隙進來，落在床單的一角。我坐在鋪了睡墊的木板床上，剛做完一個午後的夢。在夢裡，我可以用手指輕輕觸摸你的身體，傾聽你心臟跳動時在我心上留下的行跡，還有一個留在頭髮和臉頰上的親吻——乾淨、溫柔，卻悲傷的親吻。你的嘴唇碰觸我的嘴唇的祕密，讓我像一隻游向海的魚，用顫抖的生命迎向你。在夢裡，你露出讓我心碎的笑容，而我卻退縮到一個打不開的、深邃的固執裡。

我想念你，想念你的鐵馬（我們的老朋友），你的口哨聲，想念那個任風在襯衫裡捉迷藏的拖鞋王子。我想念桂花香氛中的黃昏、閣樓的午睡、被快樂壓碎的統一麵，以及那個沒有被嫉妒和恐懼操控的無憂無慮的童年。我可以想念，可以懊悔，但是我不能夠抱怨。在經過這麼多年的自責之後，懊悔顯然不能夠改變什麼。

我以為在幾個月或幾年以後，在某一天或某一刻，他會突然從我的記憶裡消失，而我會感覺不到他的消失。然而實際上，我知道除非消失的人是我，否則他不會消失，至少不是以我能夠想像或瞭解的方式。

張振武張振武張振武張振武……每天，我在我的筆記本上寫他的名字，在夢和想像中擁抱他，蒐集一切與他有關的記憶；我用指尖的皮膚傾聽和注視，好像我可以經由幻覺得到碰觸的滿足，因為愛情令我失聰、啞口、變成瞎子。進入黑夜之後，在思念最濃最烈最痛苦的時候，我會溜下床，站在冰涼的磁磚地板上，打開窗戶。

但是他不在，沒有人在。

當我最需要肩膀的時候，命運用黑暗包圍我。

我知道我應該（而且已經）從那個替代品的懷中抽身，江震聰不能取代張振武，收集翅膀並非味意有能力飛翔，無論變質與否的友誼都不可能填補遺憾。我彷彿從一個緩慢死去的夢裡活過來，驚見到，在我未來人生的白紙上，塗滿了荒謬和殘忍的祝福。

雖然江爸爸和江媽媽在我離開的隔天，把我留下的那筆錢拿到家裡歸還，並且向我爸媽道歉；雖然江震聰在我搬回市區租房子以後天天來看我，以安靜而沒有意義的陪伴等待原諒，努力又笨拙地表達深心的歉疚，並釋出和解的善意，但在我心裡（他永遠不可能瞭解），我們只是朋友（當然不是他想像或定義中的朋友），可有可無，而且一直都是。我只是不想再演戲罷了，如此而已。

我們最後一次見面，是在他結婚前夕，那時我們都已三十出頭；一個意外而沒有驚喜的偶遇，一個可以結婚也可以不結婚的年紀。我問他為什麼結婚？你愛她嗎？他的表情就好像遇到一個看似輕而易舉的困難，一個簡單卻不熟悉的領域，他以一種難為情的不確定笑容說：「我也不知道——反正年紀到了嘛，我爸媽等著抱孫子，而且大家都說該結婚了，所以就結婚了。」然後他又匆匆做了一個虛弱的結論：「我自己也覺得應該結婚了，兩個人總比一個人好吧，至少我不用再……」一個狡猾而隱藏豐富義含的微笑滑過他的眼底，但是好像有一個隱形的念頭突然刺了他一下，使得他立即換了表情，以一種誇張的愉悅口吻說：「你呢？什麼時候換吃你的喜酒？」轉眼，沉默的不安消失了，攻陷他的是一種可以信賴的推銷員的熱情，像所有結過婚或即將結婚的人那般，推銷婚姻。

如今想起來，他只是一段回憶留下的殘滓，我也是。時間帶走了我們的腳步，只留下無法捕捉的影像和聲音。我不會特別記得他，也不會努力忘記。

那一年，距大學聯招還有幾個月，我身處在一個充滿煽動性的抽象秩序中，一方面我是這個龐大體制中動彈不得的一員，另一方面我在昏昏欲睡的衝刺氛圍裡心不在焉；我渴想去某個地方，愛某個人，做某件事，過某種生活。在我感到寂寞又渴望孤獨的時候，我勉強自己專注在為時不久的高中課業，把一種表面化的興趣提升到生命的層次。我相信，任何一所願意接納我的大學，都會擁有一把開啟新生活的鑰匙。

就在我決心並刻意去遺忘那個願意把他的左臉給我的右臉、穿學生制服、趿夾腳拖鞋、吹口哨、騎單車、和我共享一個親吻的祕密的人的時候，他突然毫無預警地出現了。

那是一個十月的下午，空氣清澈，光線涼爽而顏色耀目，我在等候一班客運車，手中握著單字卡，心思混亂；我疲倦地閉上眼睛，感覺到流過皮膚的微風和躍動的陽光。然而，有一個片刻，我感到一陣難耐的不安，在上一秒尚未接棒下一秒的瞬間，一個忽然的預感使我睜開眼睛，好像有一個無形的通知把我從睡眠中喚醒。我注視對街，那裡，隔著一條安靜卻洶湧的河流——時光之河——**拖鞋王子**安適地坐在候車亭的長椅上，彷彿一個等待消失的泡沫。我情緒激蕩地盯著他，唯恐這是個幻覺。記憶中那個動不動揉我的頭、逗我笑、害我哭、登登跑上閣樓抱我午睡的少年，現在已經長大了，但是反而意外的比我想像中的他更年輕。

霎時，我被震驚的浪潮淹沒，感覺眼睛逐漸朦朧，身體僵硬，四肢冰冷，並且微微顫抖，好像癱瘓了太久，什麼都感覺不到，所有自然湧現的反應都是我無法控制的。我甚至聽見無數聲音在我裡面喧嘩著糾纏不休，但不知它們在說些什麼。然後，他終於抬起臉來注視我，但是眼睛裡面什麼都沒有——沒有驚喜，沒有激動，也沒有友善而縱容的溫柔。沒有，什麼都沒有，除了淡漠。

我終於瞭解到我錯過了什麼。

一種沒有眼淚的哭泣在我體內發生，就像被嘔吐掏空的胃，仍然有波浪起伏，仍然是那種退縮式的膨脹，但是沒有明顯的症狀。

然後，他允許他的某一個部分認出了我，因為他傾身向旁邊的朋友說了什麼，一隻眼睛乜著我；那個人轉頭望了我一眼，兩人一齊笑了。

我的心往下沉，沉到底，在那裡崩解、粉碎，然後像飄浮的灰塵，在乾燥的晴光中徘徊、旋轉、落入寂靜；落入充滿思緒流動噪音的寂靜。

如果這是懲罰，如果這不會讓他少愛我一點，如果不會太久，如果能夠因此而沒有懊悔或得到諒解，如果……但是我知道，我只能眼看著所有老去的東西變黃，眼看著沒有被攔下來的命運一樣反覆無常，眼看著被壓抑的愛如何瘋狂掙扎而徹底絕望，眼睜睜看著，卻沒有抵抗。

現在，他變成一個只能被不可靠的腦細胞和夢境所記憶和熟悉的陌生人，我只是站在那裡，帶著被擊垮的勇氣、破碎的心，以及開始變熱變模糊的眼睛，低著頭，試著阻止顫抖的嘴唇，努力使雙腿撐住自己，卻因而顫抖得更厲害了。痛苦在我裡面移動，寂寞生出它的牙齒，而記憶中的他就像黑暗中的一盞燈，閃爍著潮溼的凝視。

我精疲力竭，但渴望奔向他的欲望卻愈來愈強烈；我告訴自己時間不多了，阻在我們中間的那條湍急的河流隨時會把他帶走。我害怕起來，一陣戰慄穿透全身——多少年了，我想請求他的原諒，沒有一刻不想，但我卻在這裡傻傻地等著，等著他再看我一眼，只要一眼，讓我認出他還是我的小武哥，然後我會在陽光下溶化，流向他。但已經來不及了，朝末日駛來的客運車轟轟震碎了我的世界，它像一片突然出現的黑暗，將我們分隔在遙遠的兩端，我看不見他，也不知道他會不會上車。然後，我的心奔跑起來，但我的身體卻宛如癱瘓。

客運車帶來陰影，接走了一整個世界，它嗄嗄噴出一片布滿光粒的灰色煙塵，留下靜靜沉澱的懊悔的氣息。我的眼前空了，他走了，好像不曾存在過。重新開展的天空支離破碎，眼睛外面的下午變形扭曲，關於他的記憶在我腦中如管弦樂般瘋狂響起：一個充滿遺憾的沉默微笑、一雙受傷的眼睛、潮濕的凝視，以及被恐懼和妒意的憤怒謀殺的愛。那些逝去的，以一種悲傷而沒有秩序的激越音符奏出旋律。

下一次，我只能告訴自己，下一次。

但是永遠不會有下一次了。

沒有任何現在錯過的，可以在未來的某一刻得到彌補，雖然我一直以為可以，但是生命的奧祕之處，就在祂永不重複。

兩年後，阿母從街上帶回他的消息：阿武要結婚了。

我沒有停下寫字的筆，也沒有停止看書的眼睛，但是有某種和生命接連的東西在我裡面剝離，自行凝聚或隙裂成一個形狀像漩渦的黑色漏洞，我的愛和生命的能量就從那裡流出去，迴旋的影像不斷在腦海中重複播放、停止、倒帶、播放、停止、倒帶，把吞下去的吐出來再吞回去，像生命的反芻。我靜靜坐著，木然地注視和聆聽，彷彿在等候一個永遠再也不會到來的時間。然後我感覺到飄出身體的心智在空中盤旋，我的眼睛凝視我的眼睛，我的臉對著我的臉，漸漸地朦朧、轉深，像一個即將被永遠鎖上的陰暗房間。

我的生命改變了，因為那個會把我放進他的懷裡、允許我傷害他、讓我之所以存在而不惜為我愚蠢的行為付出代價、到後來只能被夢境所記憶和熟悉的**陌生人**，因為他，我的生命改變了，而且不會再回來。

十月的黃昏，晚餐的氣味擺動鰭，從紗門和紗窗的間隙魚貫游出，不遠處傳來電鋸木聲和釘鎚碰撞的敲擊聲，電視以擠成一團的規律噪音在播報新聞，屋外有微弱、空曠的鳥叫，紫羅藍色的天空有一種薄夜的感覺，在等待白天的消失。張振武要結婚了，如同另一則不怎麼引人注意的新聞。我的臉轉向窗外，但我的心卻轉往深處，那裡有一個陽光閃躍的下午、一個破碎月光的碰觸、一個親吻的祕密，和一段被隱藏的故事。

　　那是我重考進入大學的第二個秋天，但是並沒有如我所願拿到一把開啟新生活的鑰匙，我的厚框眼鏡和在腦子裡旋轉的英文單字到了這裡一無是處，那些明亮、任性的大學生活清楚得令人痛苦。有時我會突然聽見一個悲傷的耳語：他結婚了。而我只能麻木地握著它，就像握著一個炙燙的沉默，小心翼翼地捧著屬於我們易碎的往日，不能丟掉，也不能把它交給別人。

　　我已經無法改變什麼了，但是也許可以換一種別的方式或態度，驅逐那些糾纏我的記憶，譬如那年我沒能趕上看它一眼的大海，它不可能再是一個「夢」想，或者說，它不會是永遠也到達不了的夢想。雖然它彷彿曾經是。誰能夠想像得到呢，一個終年住在四面環海的島嶼的人，大海卻是他做夢也到不了的地方。

　　我告訴自己，我一定會，也一定要，至少去看一次海，哪怕只有一眼。我不要我人生中的每件事都帶著一點遺憾的智慧，這是我做困獸之鬥的果決。

告別。

你是我最奢侈的愛情
雖然已被捲入記憶的漩渦
像烈焰焚盡後逐漸虛弱——
然而我堅信
掩映在灰燼中的臉不會熄滅
他蟄伏在靜而明亮的死寂的生命的下午
——海色的早晨已然不動如止水
充滿耐性地凝視光影迭替的默默
像一片熱烈的鮮紅的花朵
在心跳和思索隱居的城市

從監困秩序的時間之鏡
通往墜落的神祕的甦醒
然後——旋舞著靜寂的雲
煮開了

於是，一朵浪花留下的
不會只是一片沙灘。

我裸裎著乾紅、曬痛的皮膚臥在床上，黯淡的寂寞的夜晚，潰散的月光躺在破碎的海面上。白天，我從一個島嶼搭船到另一個島嶼，船的四面到處都是海，我揚起頭迎向熱而濕鹹的海風，讓風掀起我帶鹽分的頭髮。一整個早上，我在沉思中度過暈船欲嘔的時光。我不只是碰觸到海，感覺到海，而且還在海的中央。一種超出喜悅的平靜令我不發一語，我極目凝望它，甚至沒有留意到它和我想像中的是否一樣。

現在，我躺在柔軟的旅館床上，溫暖的床頭燈光照在我的左邊，而我躺在幽暗的

右邊，轉頭看著玻璃窗上的倒影：一盞燈、一個被玻璃窗困住的身體，和一個被身體困住的靈魂。為了看見海，我掙扎著爬過半張床，關掉燈。黯淡的寂寞的夜晚，潰散的月光躺在破碎的海面上。我彷彿可以聽見寂靜的海浪造成的拍擊聲，在單調而沉重的觀看中，我漸漸退入睡眠。

在夢裡，我坐在一場大霧中，前方有一雙轉動方向盤的手，一個沒有臉的人，但是有一對在後視鏡裡出現的眼睛，熟悉的清澈的眼睛，因為忽然的預感而充滿陰鬱的柔情。之後，霧裡出現一座橋，如同一隻沉沒中的船，一截通往他處的走廊。冷不防，一陣呼吸不到空氣的恐慌在我不斷收縮的胸腔裡氾濫，在那永恆的空白的瞬間，一個緊緊抓住我的不安令我再次撞進了後視鏡中的眼睛裡，一種無法形容的眼神在告訴我說：他懂了。

沒有關係，我知道的，他無聲地這麼說。

我醒在冰冷的汗水裡，在我受創的世界裡又死了一次。我從床上坐起來，看著窗外的大海，它平靜得彷如夜空投下的一片深沉的陰影。

我想起數週之前的一個深夜，同樣一場霧出現在我的夢裡，就像惡魔進駐我的靈魂，恐怖的死寂的濃霧糾纏著我，在夢的最後，我一樣聽見他無聲的耳語，一樣醒在冰冷的汗水裡。那時，我躺在自己的床上，隱約聽見一陣陣被壓抑的低泣，那是一種心底深處的爆炸，藉由身體的共鳴傳開。我赤腳下了床，循聲走上頂樓陽台，在黎明初露的曙光中，一個披頭散髮的女人——我親愛的母親——孤獨地坐在徒然的悲慟中。我跪下來抱著她，就像抱著一個消失中的希望。她的皮膚灰暗，眼神空洞，仰向晨光的臉就像一扇關閉的門，上面有歲月流過的溝痕。

「你阿爸外面有女人……」

我想起阿母在電話中試圖忍住不哭的顫抖的聲音，為了她我立即轉身回來，坐了一夜的火車，但是卻沒有辦法阻止他們劇烈的爭吵和她自發性的枯萎。她所愛的那個男人已經被出軌的愛（或熱烈的欲望）支解，他甚至要求一種扭曲的祝福，頑固地把他的愛從責任底下撤離，留下一個空的、殼狀的家庭——他一樣為這個家努力，但是他的愛不在這裡。

他們在避開暴力的爭吵中過著表面上的夫妻生活，阿爸如常把家用交到妻子手中（當然不是他賺取的全部，而是跟以往相反的少部分），阿母如常用心地服侍丈夫，她為他準備食物、縫補衣褲，洗澡時為他擦背，操持家務之外照顧他的需要，定期為他修剪頭髮、刮鬍子，把他乾乾淨淨地送出門，交給另外一個女人。

我在想，當她為他修剪頭髮、刮鬍子的時候，當她把剃刀放在他脖子上的時候，她的愛必定勝過她的怨恨，而他的信任（或傲慢，或孩童式的魯莽及天真）也必定勝過他對死亡的恐懼。

我無心課業，同時厭倦了這種崩離中的關係，於是我決定轉身離開，去完成看海的心願——這是為了排除那些糾纏我的事物而逐漸演化出的強迫性專注行為。這個決定用去我重考大學那年工作的積蓄，並且沒有預警地帶走我正在尋找或等待的東西，卻帶來我正想離開的焦慮。

我對這次單獨的旅行沒有失望，也沒有完全滿足。我只想掙脫那對駕馭我的鞦繩，就像一隻展開冒險的動物，雖然會害怕隱藏在陰影裡的未知，卻也同時學會信任自己的固執。

然後那個夢又回來了，穿著夾腳拖鞋的王子踩著他的鐵馬，飛舞的襯衫，遙遠的呼喚，我停止不了的奔跑，以及他注定受傷的追逐，片斷、零碎地消失在一場不祥的大霧。

我躺在廣漠的黑暗裡，潮溼的眼睛不斷湧出潮溼。

第二天早上，燃燒的地平線層層發光，灰色天空逐漸刺眼，我打包，再度離開，背對且面向那個團團將我包圍住的「夢想」，盤旋的陰鬱的心思緊咬著一個狂熱的想法：生命如此荒誕。

然而我錯了，生命的荒誕不在於祂自身，而在於我們思考祂的方式，在於我們對生命抱持的天真或愚蠢的態度，在於我們對祂的期待。生命有祂自己的方式，我們只能等待祂把自己展示給我們。然而我們對祂的要求通常是那麼嚴苛，那麼不可思議的貪得無厭。

在那個糾纏我的惡夢斷然停止的時候，我反而感到強烈的不安，不明確的預感令我焦慮，然而我什麼都不能做。

那是一九九二年的春天，一件直接改變少部分人而間接改變世界的事情發生了，雖然一個人的消失能否間接改變這個世界還有待質疑，但任誰也不能獨斷地否定它看似微不足道的影響力。至少，它直接改變了我的世界。

驚蟄後的一個模糊的清晨，一輛在霧中行駛的年輕豐田，以一貫優雅、自負的速度馳向車站，這是一輛二手車，但是車況和外表似乎保養得很不錯；曾經穿夾腳拖鞋、騎舊鐵馬的王子如今握著方向盤，那雙踝骨特別凸出如半顆核桃的大腳還是趿著夾腳拖鞋，這是因為匆忙中來不及穿上他的皮鞋——現在他到哪裡都穿著皮鞋，他是一個新婚的丈夫，也是個即將成為的父親，他美麗的妻子已經懷孕三個月，如果不是一大早趕著回嘉義的姑姑吵醒他，七個月後，他就「會」是一位驕傲的父親了。

他轉著方向盤，沒有任何畏懼或預感，即便在霧中，他的技術仍是頂尖的。車子通過兩岸都是稻田的馬路，雖然稻田和馬路已經被平靜奔湧的大霧湮覆，只露出陰影般流動、不穩定的輪廓，但是他對附近的環境太熟悉了；這是他長大的地方，在有陽光照耀的天藍色日子裡，他的那個報廢已久的老朋友——有M字型把手、磨舊的椅墊、坐過的凹痕，以及剝蝕的金屬色橫桿的鐵馬——曾經載著他和一個孩子走遍這個村子裡的每個角落，他非常熟悉這裡的每一條路、每一條街和每一條巷衖，他甚至認識這裡的每一棵樹。

進入市區之後不久，年輕豐田的車輪安靜地在火車站前劃下一道漂亮的弧形後停止，他讓性急且喋喋不休的姑姑下車，讓車子以優雅、自負的速度回頭。但是在最後一段回到溫暖的家庭生活之前，年輕豐田以它一貫優雅、自負的速度撞進濕冷濃霧中的橋欄，一隻沉沒中的船，一截通往他處的走廊。

生命毫不留情地帶走生命，以死亡的方式。

那是一九九二年的春天，驚蟄後的一個模糊的清晨，死亡從霧中伸出一隻手，在奔湧、翻滾的寂靜中帶走他。

我無法對抗，只能記憶，然後在夢的下游處望入黑暗。

之後，有好幾年的時間，我閃爍地活著，在生命沉重的憂傷裡反覆做著一個夢：小武哥騎著他的鐵馬回來看我，一個沒有停止過奔跑的我，一個在懊悔和自責中枯萎的我，一個再也得不到原諒的我，直到他摸著我的頭髮說：「沒有關係，我知道的。」

沒有關係，我知道的。我會重複地這麼說，然後眼淚會經過我的嘴唇流進枕頭，我在嘗到它的鹹味的時候醒過來，就像聞見潮溼的嗅覺，也同時聞見了悲傷的氣味。雖然我一直沒有在清醒的時候哭過，但是那個氣味從夢中延伸到我的生活，讓我的生命分成兩個部分：一個是擁有布滿記憶裂痕的人生，像刑期獲滿卻無法得到釋放的罪犯；一個是冷眼旁觀的他者，好像所有已發生或即將發生的，都不能夠觸及我生命的核心。

就這樣，我聽說了一個又一個圍繞著他的故事，圍繞著死亡的故事，那些縈迴的耳語彎彎曲曲地布滿我的耳朵：噴殺蟲劑自殺的年邁父親、疾速憂鬱老去的母親、新婚守寡的妻子，以及沒有福氣見到他的遺腹子。就好像痛苦也擁有記憶，並且單獨對殘酷的事實感到興趣。

當這一切都已結束，或看似結束（除了痛苦的記憶不會結束，它只會慢慢變成一個溫柔的陷阱或憂傷的漩渦，在你不經意的時候抓住你，並且讓你知道，你已經來不及縮身逃避），我帶著反覆受創的傷痕沉默地回到學校，扮演一個被期望拴住的孩子，勉強維持一種表面的生存。然而實際上，我已漸漸淡出這個世界，對於那些熱忱包圍的關注回以禮貌性的漠不關心，像一隻打算永遠縮在殼中深處的寄居蟹。但我唯一沒有忘記的是我那還沒有被「惡運」擊倒但已經迅速枯萎的母親，而所謂的惡運和惡運的起因便是那個令她控制不住的妒嫉，那個因為恐懼失去的沮喪，以及害怕改變的憤怒；與其說惡運找上或占有我們，不如說我們無意識地吸引惡運的側目，就像擁抱一個慢慢變得漠然、慢慢放棄掙扎的懲罰，直到我們完全放下它。

這個必須付出痛苦才能得到的智慧，我們那時還不會也不能瞭解，直到我們付出沉痛的代價。

每次我帶著對整個世界無能為力的疲倦從學校打電話回家，她拿起話筒聽見我的聲音，我會問：「媽，妳好嗎？」她會說：「很好。」然後她就哭了，然後我就轉身下山離開學校，搭最後一班平快車回家，在凌晨冰冷的空氣中，在通往頂樓陽台的幽暗處找到瀕臨崩潰的她。

這種在夜沉沉的車窗裡望著自己往返學校和母親身邊的情況一直持續到我勉強畢業，放棄所有更好的機會，在距離母親最近的地方找到工作守著她，陪她走完這混亂、黑暗的、等待父親回頭的十年。

在這段期間，那些關於他的夢，死去的拖鞋王子的夢，仍舊在我生命的四周流動，夜復一夜擁抱我的罪疚感，那種過時卻上了癮的幸福和飢餓般的悲愁，就像赤足行走在陽光照耀著的玻璃碎片上，有一種深邃、燦爛的疼痛。有時候，我會在暮色朦朧之際，騎車經過那些逐月逐年讓步給陌生建築而慢慢消失的熟悉景物，溫習那些被他載走的童年，那些他一路陪我成長、陪我經過之處。這時，我彷彿又回到故事的最初，在突來的空白的靜默裡，拒絕被遺忘餵養長大，仍然視自己為一個孩子，在回憶的草原上奔跑、跳躍、翻滾，探索失去和消失之間的關聯，以及挖掘隱藏在死亡之下的知識。

當我空下來，腦海和心裡的噪音讓我聽不到自己的時候，我就令自己忙碌，在不甚要緊的事情上，在匆亂的漠然中，找回排除一切的專注。同時，我也不斷在尋找每一種關於愛的語言，關於寂寞、懊悔或偏執的語言，我試圖學會每一種「對不起」、「我愛你」、「祝福你」和「想念你」的不同說法，讓流出嘴唇的空氣觸摸並撫平沉默的哀慟。

我渴望有能力貼近、計量，甚至拿掉生與死之間的距離，讓它不再那麼殘酷得如此真實、麻木得沒有彈性，那麼疏離而冷漠得教人惱怒。

但是我的抗議對於它彷彿是一種荒謬的瘋狂，而且愈是焦慮就愈顯見它虛空、徒然且無關緊要的面貌。

然後，在一個週日的下午，我一如尋常閒下來時，在忙碌、明亮的街上消磨我對人生多餘的希望，然而天空中充滿了等待火車經過的聲浪：宣傳車、引擎、鐵路平交道。我討厭這些不耐煩的、停滯的擁擠、發燙的廢氣，還有那種爆炸性的緘默——在噪音中等待更多的噪音，直到柵門拉高，鐵道被車流淹沒。

為了逃避這些，我牽著腳踏車回頭，選擇另一條不在計劃中卻比較安靜的路線。事實上，它會帶領我經過昔日的高中校園，如果剛好我想進去就可以進去，但是我通常不會進去，而且通常沒有發現錯過它的出入口，直到那棵孤獨的木棉等在那裡提醒我。然而今天，在熱而靜的空氣裡，我突然心血來潮轉進校園的鐵柵大門，在兩排樹蔭下的夾道間通過，仰臉看篩落的陽光在空氣中閃爍。

我把單車斜靠在運動場邊緣的一棵樹下，席地而坐，看著太陽緩緩偏西，空氣漸漸涼爽，慢跑或散步的人忽然變多。

如果我沒有來，就不必碰到他，但是我來了，而且他認出了我，也認出了隱蔽在曲折深處的赤裸實相，並試圖破門而入，把那個自閉在櫃子底層的怪物揪出來，攤在陽光下。他設陷並迫使我迎視我的選擇，面對我辛苦逃避了那麼遠又那麼久的寂寞。但也許這些都是我的想像，他其實什麼都不知道，是我自己洩漏了太多，所以他才會這麼有把握。

他帶了小孩在草地上玩，眼裡的憂鬱已經被歲月沖淡，注視我的眼睛流露出經歷和風霜。已為人父的吳政翰抱著十四個月大、蠕蠕扭動的兒子，變大的微笑裡有一絲縱容的滿足。他的改變讓我很難從高中時期的他抽繹出舊日的情感，我抓不到那個完全陌生的輪廓當中熟悉的成份，從他後退的髮際線和變寬的體型，我看不到那個野心勃勃又缺少衝勁的浪漫主義者，而他笑時細碎的酒渦也幾乎不見了。

我們像一對剛剛認識的老朋友，彷彿愉快又心不在焉地挖掘那些隱約記得或已被遺忘的細節，那個彷彿值得懷念的、遙遠而戴著誇示光環的年輕歲月。接下來，我們不可避免地談到江震聰，並且因而沉默了一會兒。

「畢業後我們就沒有聯絡了。」我說。

他若有所思，好像他即將說出來的話和他心裡想的不一樣。

「你還記得和江震聰去我家玩的那個晚上嗎？」

我不確定他揭開這層記憶薄紗的意圖為何，也不確定是否應該迎接他的眼神。我想起他柔軟的嘴唇、貼在耳後的潮溼的呼吸，還有其他可能會十分危險的幽暗記憶。突然之間，我希望坐在我身邊的人不是他，而是另外一個——他也有一個妻子和一個孩子，但是他沒有一個活生生的、等待老去的身體。

然後我聽到吳政翰以解嘲的口吻說：「那晚我輸得好慘。」

「是啊，我還記得你的紅耳朵……」為了重拾那個被記憶提挈而出的模糊形狀，我不經意地望向他的耳朵，同時感覺到他的眼神溫柔卻深不可測地籠罩我，而他的兒子在草地上搖搖晃晃，以一個吃驚的表情重重地坐下來，望著。

我移開眼睛，假裝我沒有收到任何暗示。

太陽已經退出地平線上的舞台，但是天空還亮著，一種深紫羅蘭色的謝幕背景在慢慢加重幽暗的色澤。圍牆外面的街燈亮起來，活動的人也忽然變少了，我說我得走了，他略有點心不在焉地望著我說：「很高興再見到你。」

然後我們留下聯絡彼此的方式，輕鬆道別，我心裡知道我們不會再聯絡——但我錯了。我總是錯的，不是嗎？

一週後，吳政翰打電話給我，我不知道他希望從我這邊獲得什麼，也不知道處於生命乾涸的階段的我能夠給出什麼，遑論我已事先在心中設定了「我們不會再聯絡」的結果。然而，我還是依約去了他在河堤邊的新居，他帶我上樓參觀他親手設計的每一個房間，我們在面西的露台待了一會兒，落日、紛然的晚風、從遠處傳來卡拉OK伴唱帶的歌聲陪襯著我們的靜默，然後他提議我們去河堤上走一走。

我沒有說什麼話，他也陷入思索，沉默像第三個人一樣自在地居間漫步，好像那些該說的話已經說完，而我們在等待夜晚會帶來什麼。

在含糊的氣氛中，我們默默走動著，他似乎想找話跟我說，但顯然沒有；也許是找不到，或放棄了。我冷靜提醒自己，要跟心裡的欲望保持距離，要徹底壓抑那個曲曲折折的自己——但那種提醒幾乎只是一種本能反射出的習慣，微小而清晰（像空氣的分子），甚至連我自己都體察不到。

然後他停下來，眺向遠處，對著落日點菸，輕輕吸吐著心事。

「我不知道你抽菸。」我說。

他看我一眼，披著嘴笑了笑，「可我知道你不抽菸。」

所以他沒有拿菸請我？像那些推銷婚姻的人一樣推銷菸？

「怎麼沒看見你老婆，跟孩子？」我舔了一下乾燥的嘴唇。

「她帶孩子回娘家。」他低著頭，把菸灰彈在腳邊。「你一點都沒變。」

「什麼？」

他笑了，望我的眼神裡有令我害怕的東西。

「我說你一點都沒變，還是老樣子。」

「是嗎？」我苦笑了笑。

然後我們接著望東走，把夕陽留在後面。

「晚餐想吃什麼？」他問。

我聳了聳肩，說：「都可以。」

然後我們在夜色初攏之際回到他家，他簡單弄了點吃的：沙拉、義大利麵、葡萄酒。令我驚訝的是他廚藝不錯，菜相和滋味都能滿足我。

餐後，我們去到二樓主臥的陽台，他點菸吸了一口遞給我，「想不想試試看？」來了，我心想，每個人都免不了提供每個人一些選擇，說人生是屢不間斷的選擇題也不為過。而在一切都準備就緒的此刻，我已經不知道這個殘破的人生要往哪裡走，一根菸又能怎麼樣？沒什麼。

天已經黑了，我望著遠處蕭疏的燈火，遲疑的含著濾嘴，謹慎地吸了一口，然後感到一陣反胃，接著劇烈的咳嗽。我們都為此笑了。

「你還好吧？」他拍著我的背問道。

「嗯，還好……」我笑著說，發覺他在凝視我。

即便在幽暗中，那熱烈的凝視還是可以穿透我。接著他突然傾身過來吻我，雪綿糕似的嘴唇，滑溜的舌頭。我一下凝固了，呆呆地好像被什麼控制住了，靈魂被狂烈的恐懼的暴風吹走，預期中的震驚、傷感、動彈不得。他拉我進房，激奮而焦切地脫下我的褲子，既深情又飢渴地托出我那裡含著。我馬上硬了，感覺他的肩膀在摩擦我的大腿內側。我從來沒有過這種感覺（或說已經太久不曾有過這種感覺，因此生疏了），心裡滿滿的，身體緊緊的，而靈魂的地表在震動，好像一陣陣甜美的上升和墜落在膨脹中穿越我。

我放心地合上眼睛，滿腦子都是小武哥，好像他的魂魄附身在吳政翰的軀殼。我們糾纏、掙扎、碰撞，彷彿我們的身體是多餘的。在熾烈忘我的時候，我想我甚至把你的名字喚出口了。然而吳政翰沒有停止他的游移和撫摸。我在模糊的幻覺裡害羞的懇求，因為興奮而臉紅，使他火上加油。

火燎著我，把我燒成灰、化做塵，讓我志同尾生，抱柱而死。然而這一念就算在心裡聽來，也覺得十分震耳。我在做什麼？我只是一個軀殼，靈魂在那端，身體在這端，然而我無須再奔跑或把誰從我身邊推開了，我可以休息了。雖然這令我全身酸楚、眼淚倒流，然而我終究活過來了。

我不知道如何讓我們的身體緊密結合，是吳政翰負責引導我，像插頭榫吻插座，當我在他裡面的時候，他好像捧著珍貴的寶物般捧著我的頭，激情、焦慮的親吻我。他滿目渴望地注視我，以整副身心渴求我刺到更深處，讓我變成你、你變成我，所以我在你裡面，而你在我裡面。此刻，好像我又回到你懷裡，我們的嘴唇在黎明的黑暗中相遇，這是你給我的第一個吻，也是最後一個，而我的手還固執地握著你，握著你不讓你走。

那時，我終於正視了某個屬於我而我曾經否認過的東西——「誤入歧途」才是我真心渴望的，浪子不回頭就會抵達彼岸。沒有什麼好害怕的。

那晚回家以後，我在沒有開燈的房裡哭了，掙扎著流下的眼淚帶有一種融化痛苦的快樂。我感覺到自己又重新開始流動，找回對情感、知覺、和對生命的飢餓；也許迎接我的會是一個比較費力的人生，但是它已經開始活潑地發生了，有傷害，當然也會有歡樂。我不知道這樣會不會好過那種任何事都無法觸動或混亂我心的生活，但我最起碼從裡到外都活著，也許避免不了痛苦，然而傷口會慢慢癒合。

我知道我會永遠懷念他，我的拖鞋王子，同時我勿須自責。

是夜，在熟睡中，我們又再次邂逅：小武哥斜身握著M字型把手，一腳擱著踏鐙，一腳抵著地，在我們坐過的凹痕上咧嘴笑著。白襯衫，卡其褲，夾腳拖鞋。

「小武哥，你載我去玩嗎？」

我不再奔跑，也沒有長大。時間在我們之間停止前進，從流逝處回溯，在我意圖奔跑之前重新開始。

他沒有回答我，但是我可以從他的眼神讀出。

我焦切又悲傷地抓住他的手，他的拇指在我臉上輕輕撫摸，「我不能再來了，我要去別的地方，不能再來了。」

我哭著，但是沒有用。我因為年輕而輕率地誤解了愛等同佔有，並且為了印證一個指向愛卻不是愛的瘋狂承諾而讓最尖刻的話語溜出我愚蠢的舌頭。

「沒有關係，我知道的。」他又這麼說，同時深情地揉揉我的頭。

在夢裡，我以為他的離開是對我的譴責，我以為從我的眼睛淌下的悔意可以抵銷無知造成的差錯。我以為，但事實上我知道我別無選擇。我的愛和我的恐懼，像一對雙胞胎，背對背但手牽手。

當他最後一次以憂傷的眼神凝視我，然後略使了使腳勁輕輕一踩，讓他的老鐵馬載著他滑離我，慢慢地、沒有回頭地滑離我的視線，進入光，那時，一股彷彿被撕裂的悲慟狠狠攫住了我，令我在一波波恐慌的浪潮中萎縮、動彈不得，就像一根接著一根被迫鬆開的手指，試圖在空氣中抓住些什麼。然而，最後，我注定被那股在我腦海中移動、翻湧的夢的暗流淹沒，從一個在我裡面下墜、脫落的魘魅中甦醒。

十月，又是十月了。

小武哥，我無聲對自己說，是你錯愛了我，因為我愚蠢地錯過了你的愛。我想讓你知道，即便愛你是錯的，我也從沒後悔過；我只後悔沒讓你早一點瞭解我。但我知道無論如何，那是我們的金色往昔，永恆不死的……。

現在，我躺在漆黑、無邊的靜默中，如煙的往事盤桓在窗外無星的夜空，只有安靜、空虛，以及那有點涼意的十月空氣，分享了文字和語言無法含義或解讀的寂寞。我再度闔起朦朧、發熱的眼睛，希望能夠把我的睡眠召喚回來，希望有一個理性的解釋可以讓我相信這個夢是虛構的，希望這個關於生離和死別的故事不會永遠糾纏我，希望悔恨的罅隙不會擴展成掏空愛和幸福的漏洞，希望我可以對著包圍我的空氣就像對你一樣，輕輕說：

te amo

我愛你。

【全文完】

國家圖書館出版品預行編目資料

錯．愛 / 禾少鴻 著. -- 初版. --
新北市，集夢坊 2012.02
面； 公分
ISBN 978-986-271-181-1（平裝）
1.戀愛 2.通俗作品

544.37 100028375

集夢坊

錯．愛

出版者●華文自資出版平台．集夢坊
作者●禾少鴻
印行者●華文自資出版平台
出版總監●歐綾纖
副總編輯●陳雅貞 美術設計●蔡億盈
責任編輯●劉汝雯 內文排版●新鑫電腦排版

郵撥帳號●50017206采舍國際有限公司（郵撥購買，請另付一成郵資）
台灣出版中心●新北市中和區中山路2段366巷10號10樓
電話●(02)2248-7896 傳真●(02)2248-7758
ISBN●978-986-271-181-1
出版日期●2012年3月初版

全球華文國際市場總代理●采舍國際 www.silkbook.com
地址●新北市中和區中山路2段366巷10號3樓
電話●(02)8245-8786 傳真●(02)8245-8718

全系列書系特約展示
新絲路書店●新北市中和區中山路2段366巷10號10樓 電話●(02)8245-9896
新絲路網路書店●www.silkbook.com
華文網網路書店●www.book4u.com.tw

本書由著作人自資出版，委由全球華文聯合出版平台發行

本書採減碳印製流程並使用優質中性紙 (Acid & Alkali Free) 環保與油墨印刷。